AF286682

SPLATTER
Der blutige Film

BAND 1:
Zombies

Germany 2006
Andreas Port

Herstellung und Verlag: Books on Demand GmbH, Norderstedt

ISBN: 978-3-8370-0325-3

Inhaltsangabe:

VORWORT DES AUTORS

Liebe Horror-, Action- und Filmfreunde,
In dieser Reihe möchte ich mich mit dem berüchtigten Horrorsubgenre SPLATTER beschäftigen, welches für blutige, meist harte Filmunterhaltung steht.
Diese möchte ich mit, meinem liebsten Vertreter, dem Zombiefilm beginnen.
Eins schon mal vorweg: Es gibt verdammt viel Schrott, unter den Zombiefilmen.
Doch das ist hier eigentlich egal, denn ich bewerte einen Film nicht unter cineastischen Gesichtspunkten, sondern rein nach dem Schock- und Unterhaltungswert des jeweiligen Films.
Dies mag zwar nicht besonders objektiv sein; doch haben wir es hier auch mit ganz besonderen, und meist umstrittenen Filmen zu tun, die man entweder hasst oder liebt.
Ich jedenfalls, bin mit diesen Filmen aufgewachsen und habe gelernt sie zu lieben.
So hoffe ich, dass dieses Buch Anfängern hilft sich zu orientieren und den Fortgeschrittenen noch den ein oder anderen Film aufzeigt, den sie übersähen haben.
Viel Spaß beim Lesen.

WAS IST SPLATTER?

Splatter ist sowohl ein Stielmittel als auch ein eigenes Filmsubgenre, welches sich durch exzessive Gewalt und viel Blut auszeichnet. Der Begriff Splatter setzt sich aus den englischen Wörtern Splash und Spatter zusammen, welche beide „ (das) Spritzen, (es) spritzt " bedeuten.
Vom Splatter, der sich auf konkrete Gewalt wie Verletzung und Zerstückelung konzentriert, unterscheidet sich der so genannte Gore (eng. „geronnenes Blut" und „durchbohren, aufspießen"), welcher sein Augenmerk mehr auf das fertige Ergebnis der Gewalt, sowie auf detailliert dargestellte Ausweidungen richtet.
Da Splatter und Gore oft ineinander übergehen fällt eine genauere Differenzierung allerdings manchmal etwas schwer.
Splatter und Gore beschränken sich außerdem nicht nur auf Horrorfilme sondern, stellen mehr einen allgemeinen Effekt für die Darstellung von körperlicher Gewalt dar.

> Den **ERSTEN PUREN SPLATTERFILM** drehte Hershell Gordon Lewis 1963 mit „Blood Feast", welcher in dieser Reihe später noch genauere Erwähnung finden wird.

ERSTES KAPITEL:

Romero's Dead - Reihe

Es begann alles in Pittsburgh…

NIGHT OF THE LIVING DEAD (USA 1968)

Barbara und ihr Bruder Johnny sind gerade auf dem Friedhof, um ihre tote Mutter zu besuchen, als sich eine unheimliche Seuche auszubreiten beginnt. Frisch Verstorbene werden lebendig und fallen, hungrig nach frischen Fleisch über die Lebenden her.

Alsbald werden auch Barbara und Johnny von dem ersten Zombie angegriffen; wobei Johnny sein Leben verliert.

Barbara gelingt die Flucht auf ein altes Farmhaus wo sie auf den Farbigen Ben und noch fünf weitere Personen trifft. Sie verbarrikadieren sich.

Die Nacht bricht ein, und immer mehr Zombies tauchen auf, wehrend in Fernsehen vom nationalen Notstand gesprochen wird.

Zombiefilme gab es schon in den 30er Jahren, nur waren das damals nicht die blutgierigen, menschenfressenden Monster, wie wir sie heute kennen, sondern meistens die willenlosen untoten Diener eines schwarzen Magiers, oder die Opfer eines Voodoofluchs.

Erst als Georg R. Romero 1968 mit „Night of the living dead" ein ganz neues Konzept erfand, änderte sich das nachhaltig.

Noch nie zuvor wurde Horror so schonungslos, sozialkritisch und realistisch gezeigt.

Auch wenn der Film (welchen Romero selbst geschrieben, teils finanziert und in seiner Heimatstadt Pittsburgh mit Unterstützung von Freunden gedreht hatte) für heutige Verhältnisse als harmlos gilt und inzwischen in jedem Kaufhaus ungeschnitten mit einer FSK:ab16-Freigabe für wenig Geld zu bekommen ist, war er damals einer der härtesten Film und gehört zu den Meilensteinen des Terrorkinos.

Qualität: 9/10 (Kunststück)
Splatter: 5/10 (nicht mehr ganz Zeitgemäß)
Härte: 8/10 (setzte Maßstäbe)

Filmgeschichte: Noch nie zuvor gab es im Film einen schwarzen Anführer, der dann auch noch eine weise Frau schlagen durfte. Dies war in den späten 60ern ein wahrer Tabubruch

ZUM 30. JUBILÄUM wurde eine erweiterte Fassung mit neu gedrehten Szenen und einem modernisierten Soundtrack veröffentlicht. Die 30th Anniversary Edition ist um eine (nette) Goreszene und einige Handlungsszenen verlängert. Von dieser Fassung sei allerdings abzuraten, da man die neuen (größtenteils überflüssigen) Szenen immer irgendwie als solche erkennt, und durch die neue Filmmusik einiges an Charme verloren geht. **DIES UNSÄGLICHE FASSUNG IST IN DEUTSCHLAND FSK:18**

DAWN OF THE DEAD (USA/ITALIEN 1978)
AKA
ZOMBIE – DAS ORIGINAL

Das Zombie-Virus ist auf der ganzen Welt ausgebrochen. Wer gebissen wird und stirbt wird zum Zombie.

Die Untoten überlaufen die Menschheit und alle öffentlichen Strukturen brechen zusammen.

Zwei Polizisten und ein Pärchen flüchten mit einem Hubschrauber, durch das zombieverseuchte Land, in ein großes Einkaufszentrum, und fühlen sich darin sicher.

Doch die steigende Flut der Untoten und eine plündernde Rockerband zerstören die Zuflucht.

Nach dem unerwarteten Erfolg seines ersten Schockers -, welcher zunächst nur in wenigen Lichtspielhäusern startete, dann zum großen Kinohit avancierte, und schließlich in die Filmsammlung des new yorker „Museum of modern art" aufgenommen wurde, - drehte Romero, zehn Jahre später, mit Unterstützung von Dario Argento die legendäre Fortsetzung „Dawn of the dead"; welche in Europa in einer eigens erstellten (, und laut weitläufiger Fan-Meinung besseren) Euro- (Argento-) Schnittfassung als „Zombie" aka „Zombies im Kaufhaus" veröffentlicht wurde.

Dieser Film übertraf seinen Vorgänger in jeder Hinsicht und bot eine blutig düstere Zombieapokalypse, die bis heute als unübertroffener Prototyp des Zombiefilms gilt, und in ihrer ungeschnittenen Version in Deutschland verboten ist.

Dies ist auch keinesfalls verwunderlich; denn obwohl Romero seinen Film als Kritik auf das Konsumbewusstsein der 70er sieht, ist „Zombie", dank der unglaublichen Leistungen der FX- Legende Tom Savini (welcher hier auch den Anführer der Rocker-Bande spielt und später das Remake von „Night of the living Dead" verfilmen durfte), einer der blutigsten und kompromisslosesten Filme der Horror-Geschichte. Kopfschüsse am laufendem Band, blutig-derbe Bisse und detaillierte Ausweidungen prägten nicht nur den Film, sondern auch das gesamte

Zombiegenre. So löste „Dawn of the dead" in den 70ern einem weltweiten Zombieboom aus und bekam 2004 ein großartiges Remake von Zack Snyder, welches zwar nicht mehr die Härte des Originals aufbrachte, dafür aber mit seiner düsteren Atmosphäre, viel temporeicher Action und rennenden Zombies, ein großer Erfolg wurde, und sogar eine neue Zombiewelle in den Kinos auslöste.

Qualität: 10/10 (Meisterwerk)
Splatter: 9/10 (setzte Maßstäbe)
Härte: 10/10 (Knallhart)

Der unvergleichlich düstere Soundtrack der Euro-Cut-Fassung entstammt der italienischen Band Goblin.

Aus dem **BESCHLAGNAHMEBESCHLUSS** der AG Tiergarten vom 01.02.2000:
Der Film enthält keine durchgehende Handlung. Vielmehr steht im Vordergrund das wahllose Töten mit der Zielsetzung, diese Handlungen in Nahaufnahme zu zeigen.

ZU DEN FASSUNGEN:
ROMERO-CUT 127MIN (USA)
Romeros Schnittfassung für die US-Kinos ist im Gegensatz zur Argento-Fassung länger an Handlung.
Außerdem wurde der Goblins-Soundtrack viel weniger beansprucht. Romero setzte mehr auf Kaufhausmusik.
ROMERO-DIRECTORS-CUT 139 MIN. (USA)
Um noch mehr Handlung und etwas Gore verlängerte Fassung des Romero-Cuts. Eigentlich eher eine Extendet-Version, da Romero mit seiner ursprünglichen Fassung zufrieden war.
ARGENTO-CUT = EURO-CUT / 114 MIN. (ITALIEN)
Die mit abstand kürzeste Uncut-Fassung. Von Dario Argento eigens fürs italienische Kino geschnitten und auch im Rest Europas veröffentlicht.
Es wurde nur der Goblins-Soundtrack verwendet.
Diese Fassung gilt unter Fans als die Beste, da sie den Schwerpunkt des Films am stärksten auf die Action verschiebt.
ULTIMATE-FINAL-CUT / 156 MIN. (DEUTSCHLAND)
Vom Label Astro-Film aus allen existenten Fassungen zusammengeschnitten, und teils nachsynchronisiert.
Hat zwar qualitative Schwächen und ist auch durch seine stolze Länge teils etwas langatmig geraten; stellt aber durchaus eine interessante (und vor allen komplette) Version dar.

Tom Savini lies sich bei seiner Arbeit an den Gore-FX von seinen Erlebnissen im Vietnam-Krieg inspirieren, wo er als Kriegsfotograf die Hölle auf Erden erlebte.

DAY OF THE DEAD (USA 1985)
AKA
ZOMBIE 2 – DAS LETZTE KAPITEL

Die Menschen haben den Kampf gegen die Toten verloren. Die Städte sind von Zombies bevölkert.
In einer unterirdischen Anlage arbeiten Wissenschaftler, unter dem Schutz des Militärs, an einem Mittel gegen die Seuche.
Doch ein zunehmender Lagerkoller und Spannungen zwischen den Wissenschaftlern und den Soldaten, führen Letztenendes zu einer Tragödie.

Bei „Day of the dead" welcher in Deutschland als „Zombie2 – Das letzte Kapitel" stark zensiert veröffentlicht (und später trotzdem indiziert) wurde, hatte Romero in der Produktion seine Probleme, da sich die Produzenten einen jugendfreundlicheren Film wünschten, um mehr Zuschauer ins Kino zu kriegen und somit mehr Geld zu verdienen.
Da Romero auf seine künstlerische Freiheit bestand, stellte ihn das Studio vor eine Wahl: Entweder er macht einen weniger harten Film und kann ein großes Budget haben, oder er bekommt ein kleines Budget, hat aber absolut freie Hand. Er entschied sich für Letzteres.
Leider musste er dafür sein ursprüngliches Drehbuch, in dem ein Paar Überlebende auf einer Insel stranden, auf welcher ein verrückter Wissenschaftler Zombies abrichtet um die Weltherrschaft zu erlangen, aufgeben und neu schreiben.
Was herauskam war zwar kein schlechter Film aber enttäuschte viele Fans. Zu langatmig und dialoglastig war die Story über die Streitigkeiten zwischen den Wissenschaftlern und Soldaten geraten, zu unspektakulär im vergleich zu seinem gigantischen Vorgänger. Der Film wurde kein Erfolg.
Dabei hatte man es allerdings keineswegs mit einem schlechten Film zu tun; im Gegenteil. Eine dichte Atmosphäre, gute Schauspieler, eine solide Inszenierung, tolles Zombie-Make-up und die superrealistischen, knallharten Splatter-FX von Savini unterstrichen einen durchweg soliden Zombiefilm, der nur eben nicht mit seinem Vorgänger mithalten konnte, was schließlich dazu führte, das Romero erst 2005 wider einen Zombiefilm der Reihe drehen sollte.

LAND OF THE DEAD (USA 2005)

Es sind einige Jahre ins Land gestrichen, und es hat sich kaum was geändert. Immer noch herrschen die Zombies über Erde und die Menschen gehören zu einer aussterbenden Gattung, die sich inzwischen in großen abgesperrte Städten zusammengefunden hat.
In diesen Städten herrscht ein ZWEI-KLASSEN-SYSTEM.
Wehrend die Reichen, unter Führung des Millionärs Kaufmann, bei Elektrizität, in komfortablen Wohnungen im Stadtzentrum leben, müssen die Armen in den Randbezirken in Gettos zurechtkommen.
Natürlich regt sich da Widerstand gegen Kaufmanns Unterdrückung.
Allerdings haben sich die Zombies auch weiter entwickelt, werden Intelligenter, und machen sich unter der Führung des Zombies „Big Daddy" auf dem Weg in die Stadt.

Nach fast 20 Jahren, nach den Erfolgen der „Resident Evil"- Verfilmung und des „Dawn of the Dead"- Remakes, wurde es Romero, der in der Vergangenheit einige Flops zu verschulden hatte, schließlich erlaubt seine DEAD-Reihe zu beenden. Mit großen Budget und nahezu freier Hand, produzierte er einen fulminanten Abschluss der Untoten-Saga, der weder die kennzeichnende Sozialkritik, noch harte Splattereinlagen vermissen lies.
Konsequent wird alles fortgesetzt was schon in den Vorgängern auftauchte, und an Insidern wurde auch nicht gegeizt (Tom Savini tauch u. a. als Machete schwingender Rockerzombie auf).
„Land of the dead", geriet zu einem blutig, bissigen Kinovergnügen welches die meisten Fans zufrieden stellte.
Einzig der Einsatz von CGI (Computer generierte Effekte) störte etwas (, ganz besonders bei den Kopfschüssen). Dies ist aber bei Big-Budget-Filmen des neuen Jahrtausends, leider kaum noch wegzudenken ist.

ZWEITES KAPITEL:
Fulcis Italo-Zombies

Wenn es ein italienisches Gegenstück zu Georg R. Romero gibt, dann ist es wohl Lucio Fulci, dieser hat sich mit seinen drei Zombiefilmen (unzählige andere Horrorperlen und Schundfilme lasse ich mal außen vor) nicht nur einen Namen als „Italo-King of Splatter" gemacht, sondern den Weg für viele, mehr oder weniger gute (und schlechte) Nachfolger bereitet.

VOODOO - SCHRECKENSINSEL DER ZOMBIES (ITALIEN 1979)
AKA
ZOMBI 2
AKA
ZOMBIE FLESH EATERS

Vor New York treibt ein führerloses Boot.
Als die Beamten der Küstenwache das Schiff betreten finden sie Leichenteile und werden von einem verstümmelten Mann angegriffen, der einen von ihnen tötet und vom anderen mit einem ganzen Magazin aus seiner Schusswaffe ins Wasser befördert wird.
Ann, die Tochter des Besitzers macht sich zusammen mit dem Reporter Peter auf die Suche nach ihrem Vater. Diese führt sie, zusammen mit einem anderen Paar, auf eine Karibikinsel.
Doch auf dem kleinen Paradies ist eine tödliche Seuche (oder ist es ein Fluch?) ausgebrochen, welche die Toten wider ins Leben holt und aus ihnen nach Menschenfleisch gierende Monster macht.

Nach dem großen Erfolg von „Dawn of the dead" wurde in Italien, wo der Film „Zombie" hieß, schnell nach einer Fortsetzung verlangt. Da dies nicht möglich war wurde kurzerhand selbst eine produziert.
Ursprünglich sollte Actionprofi Enzo G. Castellari die Regie übernehmen, als dieser ablehnte wurde der bis dahin weniger bekannte Lucio Fulci verpflichtet, und wurde so zu Star. Es entstand ein Schocker unter dem irreführenden Titel „Zombi 2", welcher im Land der Pizza und Spagetti

als Fortsetzung von „Dawn of the dead" verkauft wurde. Dass der Film mit dem Original nix zu tun hatte, störte nicht.

Und tatsächlich war „Zombies2" weder eine Fortsetzung, noch ein Abklatsch. Vielmehr war es die Geburt einer eigenen Art des Zombiefilm -, des Italienischen.

Gedreht an günstigen, aber beeindruckenden Originalschauplätzen (für die Außenaufnahmen in New York gab es keine Drehgenehmigung), entstanden schnell abgedrehte Filme welche sich durch eine finster bedrohliche Atmosphäre, gute Schauspieler, eine gute Filmmusik, tolles Zombie-Make-up und (ganz besonders) durch blutrünstige Effekte auszeichneten.

„Voodoo" war ein Meilenstein. Mann konnte die tropische Hitze und Schwüle auf der Leinwand förmlich spüren. Die Spannung wurde von Anfang an, bis zu Unerträglichkeit gesteigert. Die superblutigen Splattereffekte wurden brutal und schonungslos langsam gezeigt. Wurde früher in den Gewaltszenen noch weggeblendet, so bekam man hier detailliert alles zu sehen, was im bereich des Möglichen lag.

Und die blutüberströmten, teils stark verwesten Zombies waren die grusseligsten und Ekel erregenden, die die Welt je gesehen hat.

Was zum Einem daran lag, das Make-up-Künstler Giannetto De Rossi erstklassige Arbeit abgeliefert hatte, zum Anderen aber auch, daran lag dass die meisten Zombies bei Romero nur blau angemalt waren.

Qualität: 9/10 (italienische Glanzleistung)
Splatter: 9/10 (setzte Maßstäbe)
Härte: 9/10 (erbarmungslos)

LEGENDÄRE SZENE:

Eine Frau wird von einem Zombie, durch eine Tür hindurch, an den Haaren gezerrt und mit dem rechten Auge in einen dicken Splitter gezogen, der sich (in Nahaufnahme) tief in ihren Kopf bohrt und abbricht.

Weltweit fragten sich die Filmemacher wie Giannetto De Rossi es schaffte die Zombies so unglaublich realistisch und ekelhaft zu gestalten. Dabei nutzte er einzig Lehm und schmierte den Darstellern Dreck ins Gesicht.

EIN ZOMBIE HING AM GLOCKENSEIL
AKA
CITY OF THE LIVING DEAD
AKA
GATES OF HELL (ITALIEN 1980)

In der kleinen Stadt Salem erhängt sich ein Priester. Jahre später in New York bekommt eine Frau bei einer Seance eine Vision von dem toten Priester und einer kommenden Katastrophe.
Zusammen mit einem Reporter macht sie sich auf den Weg in die Stadt.
Gleichzeitig geschähen in Salem unheimliche Dinge.
Der Priester taucht auf. Wer ihm in die Augen sieht stirbt, indem er seine Eingeweide ausspeit. Und wer stirbt wird zum Zombie.

Trotz des etwas albernen deutschen Titels, war „Ein Zombie hing am Glockenseil" ein sehr ernster und düsterer Horrorschocker mit vielen herben Goreeinlagen.
Fulci griff, wie schon bei Voodoo, zu übersinnlichen Elementen, verschob den Schwerpunkt dieses Films, welcher auf einer Geschichte von H. P. Lovecraft beruht, aber noch mehr ins Übernatürliche.
Die (wider wunderbar gammeligen) Zombies wurden von einer bösen Macht gesteuert, und bissen ihre Opfer nicht, sondern pressten ihnen das Gehirn aus den Schädeln. Eine obligatorische Fressszene gibt's trotzdem.
Auch wankten sie nicht sinnlos durch die Gegend, sondern konnten überall aus dem Nichts auftauchen.
Dies machte die ohnehin finstere Stimmung des Films umso bedrohlicher, und aus „City of the living dead" einen weiteren, großartigen Klassiker des fantastischen Films.

Qualität: 9/10 (Glanzleistung)
Splatter: 8/10 (blutig kreativ)
Härte: 9/10 (erbarmungsloser Alptraum)

Lucio Fulci, wohl generell kein besonders umgänglicher Mensch, wurde nachgesagt, er sei ein Frauenhasser.
Dies ist auch kaum verwunderlich. So starben in seinen Filmen bevorzugt Frauen einen grauenvollen und sadistischen Tod.
Seine Tochter Antonella Fulci glaubt das nicht

.

DIE GEISTERSTADT DER ZOMBIES
AKA
ÜBER DEM JENSEITS
AKA
THE BEYOND (ITALIEN 1981)

Lisa erbt ein großes Haus in New Orleans, welches sie in ein Hotel umbauen möchte.
Wehrend der Renovierungsarbeiten kommt es schnell zu den ersten tödlicher Unfällen, und eine mysteriöse Blinde versucht ihr nahe zu bringen das Haus zu verlassen.
Zusammen mit einem örtlichen Arzt versucht Lisa hinter das Geheimnis des Hauses zu kommen, und erfährt viel zu spät, dass es auf einem der 7 Pforten der Hölle erbaut wurde.

„Geisterstadt der Zombies" gilt als der beste und härteste Fulci-Film; und das zurächt. Wie schon bei „Glockenseil" wurde hier zwar wider auf eine ultradüstere Mystery Thematik zurückgegriffen, doch diesmal wurde der Blutgehalt deutlich erhöht und die Morde waren an perverser Kreativität kaum zu überbieten.
Da wird einer Frau minutenlang das Gesicht mit Säure verätzt, ein gelähmter Mann wird blutig von Taranteln tot gebissen, einer Frau wird von einem Schäferhund brutal die Kehle aufgerissen, einem Mädchen wird der halbe Schädel weggeschossen, und noch Einiges mehr.
Das der Film in jeder ungeschnittenen Version (wie viele andere Fulci-Filme) bis heute Bundesweit beschlagnahmt ist, ist daher wenig verwunderlich.
Nichts desto trotz sollte man „Geisterstadt der Zombies" nicht nur an seinen Splatterszenen beurteilen, da er ebenfalls mit seiner Bedrohlichen Atmosphäre, tollen Schauspielern und der geheimnisvoll spannenden Geschichte überzeugen kann.
Leider stellte der Film auch den Höhepunkt im Schaffen des Lucio Fulci dar, der danach immer weiter zum Schmuddelfilmer verkam, und bis zu seinem Tod am 13. März 1996 nie an die alten Erfolge anknüpfen konnte.

Qualität: 10/10 (Meisterwerk)
Splatter: 09/10 (gorige Wundertüte)
Härte: 10/10 (erbarmungsloser Alptraum)

DRITTES KAPITEL:
SAM RAIMI'S TEUFELSTANZ

Wenn jemand von Romeros und Fulcis Vorstößen profitiert hat, dann war es Sam Raimi, der mit seinem „Tanz der Teufel" nicht nur einen überaus wichtigen und harten Beitrag zur Zombiewelle der 80er leistete, sondern dem Genre auch gleichzeitig eine gehörige Frischzellen-Kur verpasste.

TANZ DER TEUFEL (USA 1982)
AKA
EVIL DEAD

Ash und vier Freunde fahren übers Wochenende zu einer abgelegen Hütte in die Wälder. Dort hat offenbar eine Archäologenpaar Forschungen am sagenumwobenem Necronomicon, dem Buch der Toten, betrieben und eine Formel ausgesprochen, welche Geister beschwören kann.
Die fünf Freunde finden ein Tonbandgerät auf dem genau diese Formel drauf gesprochen ist und spielen es ab.
Was folgt ist schrecklich. Die Geister sind keinesfalls erfreut über ihre Erweckung und schnappen sich einen der Jugendlichen nach dem Anderen.
Auch eine Flucht ist unmöglich, denn die einzige Brücke wurde zerstört und die Wälder scheinen lebendig geworden zu sein.

Mit seinem Debüt, welches er, genau wir Romero, zum Teil selbst finanzierte, schaffte Raimi für wenig Geld, ein kleines Meisterwerk.
Die Story war zwar dünn; doch wurde das durch eine klasse (und ungewöhnliche) Kameraführung und durch einige kreative Einfälle ausgeglichen. Die Szene in der eine Frau von einem Baum vergewaltigt wird ist in die Filmgeschichte eingegangen.
Die Zombies waren hier keine stumpfsinnig rumschlürfende Leichen, sondern wild gewordene, tobende Besessene mit übermenschlichen Kräften, welche man nicht einfach mit einem Kopfschuss in die ewigen Jagdgründe befördern konnte, sondern regelrecht klein hacken musste.
Das Make-up der Besessenen ist herrlich pampig, wodurch die armen Leute aussähen, als wären sie in der Sauna gestorben und dort ein paar Tage liegen gelassen worden. Das wirkt besonders Angst einflössend, wenn die Zombies mit ihren kalkweißen Gesichtern, aus dem Dunkeln in die Kamera springen.
Was Bluteffekte angeht, ist der in Deutschland seit Jahrzehnten (in seiner Uncut-Fassung) beschlagnahmte Film, teilweise zwar etwas lustig (besonders die zuckenden Körperteile des zerhakten Zombies), aber

größtenteils Hammerhart (besonders wen Ash einem Zombie blutig die Augen eindrückt und ihm dann einen Stock aus dem Bauch zieht, woraufhin eine großer Schwall Blut aus der Wunde spritz).
Jedenfalls: Der Film, durch den perfekten Mix aus Splatter und Atmosphäre, erreichte schnell Kultstatus und katapultierte Sam Raimi in die Top-Riege der Horror Regisseure, von wo aus er später zu einem der einflussreichsten Filmemacher Hollywoods wurde.

IM ÜBRIGEN ist der Beschlagnahmebeschluss der AG Tiergarten von 2000 etwas seltsam, und lässt Zweifel daran durchblicken, ob die Beamten den Film überhaupt gesehen haben.
HIER ZWEI BEISPIELE:
1.Zitat: „36. min. In Großaufnahme wird gezeigt, wie mit einem Messer ein Schnitt im Oberschenkel bis zum Knöchel geführt wird. Die klaffende Wunde in Großaufnahme zu sehen."
FALSCH!!! In Besagter Szene wird ein Bleistift verwändet. Dieser wird in den Knöchel (ganz genau gesagt: ganz leicht darüber) gestochen und umgedreht. Dabei flies etwas Blut aus der Wunde.
2. Zitat: „Mit einem Schuss in den Kopf wird ein *weibliches Phantom* getötet. Der zerspringende Kopf wird gezeigt."
FALSCH!!! Tatsächlich schießt in dieser Szene Ash einen der Zombies durch eine Tür ins Gesicht. Dieser bleibt aber quicklebendig; wobei aus der großen Wunde im Gesicht viel Blut spritzt.

Qualität: 8/10 (ungeschliffen, aber künstlerisch anspruchsvoll)
Splatter: 8/10 (gehaltvolles Hackfleisch)
Härte: 10/10 (härter geht's kaum)

Um für „Evil Dead", welcher ursprünglich „Book of the dead" heißen sollte (dieser Titel wurde allerdings verworfen) Geldgeber zu finden, wurde von Raimi der Kurzfilm „Within the woods" auf Super-8 produziert; ebenfalls mit Bruce Campbell in der Hauptrolle.
Dieser lief aber nur eine Zeit lang in einigen regionalen Kinos, und verschwand dann schnell in der Versenkung.
Da Raimi, wie viele Amateurfilmer auch, bei der Filmmusik auf urheberrechtlich geschütztes Material zurückgegriffen hat, ist die Rechtslage bis heute kompliziert. Und so tauchte der Film höchstens als Download im Netz, und als Bonusmaterial auf einer Bootleg-DVD auf.

TANZ DER TEUFEL 2 (USA 1987)
AKA
EVIL DEAD 2

Ash will ein Wochenende mit seiner Freundin in einer abgelegnen Hütte in den Wäldern verbringen. Sie finden das Tonband aus dem ersten Teil und spielen es ab. Kurz darauf wird seine Freundin von einem Dämon besessen.
Auf sich allein gestellt, muss er sich zunächst mit seiner Freundin und dann seiner eigenen Hand herumschlagen.
Dann taucht auch noch die Tochter des Wissenschaftlers auf, der die Hütte eigentlich bewohnt hatte; inklusive Freund und einem Hinterwäldlerpärchen.
Ein neuer Teufelstanz beginnt.

Nach dem großen Erfolg des ersten Teils, war eine Fortsetzung nur eine Frage der Zeit. Diese inszenierte Raimi (mit bedeutend größeren Budget) allerdings auch gleichzeitig als ein Remake des ersten Teils.
So wiederholt die erste Hälfte des Film das Geschähen aus EVIL DEAD 1, in leicht abgeänderter Form, welche dann in der zweiten Hälfte furios weitergeführt wird.
War Teil 1 noch ein hammerharter B-Horror, so wurde aus EVIL DEAD 2 eine Splatterkomödie. Diese setzte weniger auf harte Splattereinlagen den mehr auf die tollen FX und schrägen Einfälle (Ash´s Kampf gegen seine eigene Hand ist an Witz kaum zu überbieten). Ebenso konnte Raimi seine Kameraführung verfeinern und lieferte dermaßen spektakuläre Zoom-Effekte, dass diese für lange Zeit sein Markezeichen wurden.
Zwar empfanden viele Fans des ersten Teils die Fortsetzung als Enttäuschung, aber dem allgemeinen Horrorpublikum gefiele er. Er wurde ein Erfolg.

Qualität: 9/10 (Hochglanz)
Splatter: 6/10 (kein Vergleich zum Original, aber schön anzuschauen)
Härte: 7/10 (durch viel Witz entschärft)

ARME DER FINSTERNISS (USA 1993)
AKA
ARMY OF DARKNESS: EVIL DEAD 3

Nachdem Ash am Ende von EVIL DEAD 2, inklusive Auto und Schrotflinte, in ein Zeitloch gesogen wurde, landete er im finsteren Mittelalter, am Hof von König Arthur.
Um zurück in seine Zeit zu gelangen, muss er das Necronomicon wider beschaffen. Dabei stellt er sich aber so dämlich an, dass er aus Versehen die Arme der Finsternis erweckt.

Ash hat im Laufe der Reihe einige Veränderungen mitgemacht:
War er im ersten Teil nur ein normaler Kerl, wurde er im zweiten Teil zum Actionhelden, und mutierte im dritten Teil vollends zur Comicfigur.
So kämpft er sich furchtlos, markige Sprüche klopfend durch einen wahnwitzigen, gewollt trashigen Mix aus Fantasy, Horror und Slapstick und macht so ziemlich alles falsch, was man falsch machen kann. Dabei bleibt beim Zuschauer kaum ein Auge trocken.
Zwar wurde auf Splatter fast vollständig verzichtet, doch lohnt sich dieser letzte Teil der Reihe, wegen seines großen Schau- und Unterhaltungswertes.

Qualität: 8/10 (Hochglanztrash)
Splatter: 5/10 (hier kommt's nicht drauf an)
Härte: 4/10 (Kindertauglich)

BESONDERS INTERESSANT ist auch, dass es von dem Film drei verschieden Versionen gibt. Das ursprüngliche Ende, welches wohl etwas zu düster war, sah vor das Ash den Zauberspruch, welcher ihn in die Gegenwart zurückbeförderte falsch aussprach, und in einer zerstörten Zukunft aufwachte. Stattdessen wurde aber ein Ende benutz, in welchem die Zeitreise zurück gelang und er wider im Baumarkt arbeitete und dort von einem Dämon besuch bekam welchen er aber, auf lässige Weise in die ewigen Jagdgründe befördert.
Dann gibt es noch eine dritte, exklusiv deutsche Variante, welche vom Label Screenpower aus allem verfügbaren Filmmaterial zusammen geschnitten wurde, und beide Enden (und noch ein paar andere Szenen mehr) enthält. Diese Version wurde im deutschsprachigen Raum fälschlicherweise als „Directors Cut" verkauft und später von Laser Paradise für die Red Edition auf DVD herausgebracht. Es sollte noch erwähnt werden, dass die Bild- und Ton-Qualität dieser Version eher bescheiden ist.

VIERTES KAPITEL:
Die Re-Animator-Reihe

RE-ANIMATOR (USA 1985)

Medizinstudent Dan braucht einen Untermieter. Als dann der etwas komische Herbert West vor seiner Tür steht, ist dieser willkommen und darf im Keller des Hauses ein Labor für seine Forschungen einrichten. Erst als die Katze verschwindet, wird Dan etwas misstrauisch, und kommt schließlich hinter West´s Geheimnis. Dieser hat ein Serum erfunden mit welchen man totes Gewebe wider beleben kann.
Es dauert nicht lange bis West es schafft Dan dazu zu überreden, dieses Serum an Leichen im Krankenhaus auszuprobieren, und der tödliche Ausgang des ersten Versuchs ist nur der Anfang eines wahnwitzig, blutigen Schlamassels.

Mit niedrigem Budget lieferte Stuard Gordon einen furios schwarzhumorigen Splatterhit ab, den man in einem Zug mit „Zombie", „Hellraiser" und „Evil Dead" nennen kann.
Besonders stach der Film durch seinen Einfallsreichtum, eine perfekte Inszenierung und die clevere Story, welche auf einer Geschichte von H. P. Lovecraft beruhte und die altbewährte „Frankenstein"- Thematik mit Zombieelementen kombinierte, hervor.
Wobei hier weniger die typischen Zombies auftauchen, sondern eher Leichen, die einfach stinksauer sind, dass sie wider erweckt wurden.
Und da sie nicht im Stande sind zu sprächen, machen sie ihren Standpunkt eben auf eine etwas rabiatere Weise deutlich.
Natürlich waren die sehr gut gelungenen und kreativ, blutigen FX auch ein Grund dafür, dass dieser wunderbar inszenierte und durchaus harte Streifen, seine Fangemeinde fand, zu zwei ebenso guten Fortsetzungen kam und Stuard Gordon und Jeffrey Combs (Dr. West) zu Genreikonen machte.

Qualität: 10/10 (vortrefflich)
Splatter: 8/10 (anspruchsvoll blutig)
Härte: 9/10 (nix für Warmduscher)

BESONDERS INTERESSANT:
- Die flotte **Filmmusik** wurde fast 1:1 von Alfred Hitchkock´s Psycho übernommen.
- **Berühmter Arsch:** Der 1. Nackedei-Zombie wird von Arnold Schwarzeneggers Nackt-Double aus Terminator 1 gespielt.

BRIDE OF RE-ANIMATOR (USA 1990)

West und Cain, sind nach den Erlebnissen aus dem ersten Teil, immer noch zusammen, um an den Serum zu forschen, welches Tote wider lebendig machen kann.

Wehrend der skrupellose West seinem Spieltrieb freien lauf lässt, und aus den verschiedensten Körperteilen lustige Kreaturen erschafft, kommen bei Cain langsam Zweifel am Sinn des gemeinsamen Unterfangens auf.

Da eine von Cains Lieblingspatientinnen gerade im sterben liegt, überredet West ihn dazu, mit ihm zusammen, einen neuen (perfekten) Körper für die schöne Frau zu zusammenzusuchen, und somit den Tod zu schlagen.

Doch ein Cop, der ihnen auf den Versen ist, ein alter Feind, der wider auftaucht, und West selbst; sorgen dafür, dass alles gründlich in die Hose geht. Es kommt wider zu einem Blutbad.

Nach Stuard Gordon übernahm sein guter Freund Brain Yuzna den Regiestuhl um eine erstklassige Fortsetzung abzuliefern.

Dabei ließ er, wie Dr. West, seinem Spieltrieb freien lauf und entfesselte ein Gewitter an gorigen Effekten und tiefschwarzen Humor. Zwar geht dabei die Härte des Erstlings ein Bisschen verloren, doch wird man dafür mit noch mehr Spaß entschädigt.

Und so ist „Bride of Re-Animator", welcher mit seinen Titel auf „Frankensteins Braut" anspielt, auch ein purer Funsplatter, der dabei immer noch genug Ernsthaftigkeit besitzt um für ordentlich Spannung und Gänsehaut zu sorgen.

Qualität: 9/10 (lässt kaum Wünsche offen)
Splatter: 9/10 (genial blutiges Panoptikum)
Härte: 8/10 (nix für Kiddis)

BEYOND RE-ANIMATOR (USA/SPANIEN 2003)

West schafft es den Einsturz seines Labors zu überleben, muss für seine Taten aber in Gefängnis wandern.

13 Jahre später, taucht der junge Arzt Dr. Howard Phillips im Gefängnis auf. Seine Schwester starb in jener Nacht durch einen von Wests Zombies. Howard bringt außerdem noch etwas mit, was am Tatort von der Spurensicherung übersehen wurde.

Eine Spritze mit dem reanimierenden Serum.

Auch er will hinter das Geheimnis der Unsterblichkeit kommen, und lässt sich schnell von West zu geheimen Forschungen im Krankenhaustrakt des Gefängnisses überreden.

Doch Wests verantwortungsloses Verhalten, rüde Mitgefangene, der sadistische Gefängnisdirektor, und eine junge (und bald tote) Reporterin, in die sich Phillips verliebt, bieten schnell beste Voraussetzungen für ein neues Blutbad.

Es hat 13 Jahre gedauert bis es zu „Bride of Re-Animator" eine Fortsetzung geben sollte. Und das Warten hat sich gelohnt.

Denn bis auf, dass der Film einen Hochglanzlook erhalten hat, hat sich an dem Konzept aus Spannung, Witz und Splatter nichts geändert. Zwar wurde der Splattergehalt (ganz) leicht zurückgeschraubt, zu Gunsten der flotten Handlung. Doch merkt man das auch nur im direkten vergleich zum 2. Teil; denn ein Kinderfilm ist Re-Animator Nr.3 auf keinen Fall.

Und so ist es auch leicht verwunderlich, dass die FSK dem Film ungeschnitten eine Freigabe (KJ = ab18) erteilt hat.

Sonst gibt es nichts zu Sagen, was nicht schon über die ersten Teile gesagt wurde. „Beyond Re-Animator" ist eine großartige Fortsetzung die dem Original absolut gerecht wird und perfekt zwischen harten Horror und feinem Humor hin und her springt.

Qualität: 10/10 (Wunschlos glücklich)
Splatter: 8/10 (Trickreich schön)
Härte: 8/10 (nix für Sensibelchen)

FÜNFTES KAPITEL:
Die „Return of the living dead"-Reihe

Amerikanische Zombiefilme (abgesehen von Romeros „DEAD-Reihe")
galten nicht unbedingt als die Besten des Genres, dies mochte aber daran
liegen, dass diese meistens von Amateurfilmern talentlos herunter gedreht
wurden, wehrend im Rest der Welt Profis am Werke waren, welche sich
bestens darin verstanden einen Film mit niedrigen Budget, in kürzester
Zeit ordentlich zu inszenieren.
Aber natürlich gab es auch Ausnahmen, wie zum Beispiel die „Return of
the living dead" – Reihe, welche mit einer ordentlichen Inszenierung und
viel Witz überzeugen konnten.

RETURN OF THE LIVING DEAD
AKA
VERDAMMT, DIE ZOMBIES KOMMEN
(USA 1985)

In einem Lager für Labor- und Medizinbedarf wird fälschlicherweise ein
Fass des chemischen Kampfstoffs „Trioxyn-5" abgeliefert.
Zwei trottelige Arbeiter öffnen diesen durch ein Versähen und müssen
sich sobald mit einer wider belebten Leiche herumschlagen.
Im Gegensatz zu den Zombies, die sie aus den Filmen kennen, kann man
diesen allerdings nicht wider töten. So wird der Widerbelebte kurzerhand
klein gehackt und vollständig verbrannt.
Dummerweise gelangen so verseuchte Aschepartikel in die Luft und der
kurz darauf einsetzende Regen, geht auf einen nahe gelegenen Friedhof
nieder, und verursacht eine wahre Zombie-Invasion.

Dieser Film verpasste dem Zombiegenre eine kleine Frischzellen-Kur.
Nahezu unzerstörbare, schnelle, gehirnfressende Zombies; der
durchgestylte Look der 80er, und eine große Portion schwarzen Humor
sorgten für einen Film, der sich, trotz kleinem Budget, mit den Großen
messen konnte, und genug Eigenständigkeit besaß um sich eine große
Fangemeinde aufzubauen und zwei, durchweg gute, und zwei eher (laut
weitläufiger Fan-Meinung)schlechte Fortsetzungen bekam.
Dabei hat man es auch noch mit etwas anderen Zombies zu tun, als in
„Night of the living dead", auf den der Film oft anspielt. Diese sind
nämlich verdammt flott zu Fuß und wahre Feinschmecker; sie stehen auf
Gehirn.

Außerdem haben diese auch noch eine (beschränkte) Fähigkeit zu kommunizieren („Send more Cops"), was wohl zur lustigsten Aussprache des Wortes „Gehirn" oder „Brain" führt, die Welt jäh gehört hat.
Und der Humor ist sowieso eines der wichtigsten Elemente von „Return of the living dead". Denn der Film macht, obwohl er durchaus harte und finstere Momente hat, einen Heidenspaß.
Und so kann man den Film jeden Zombiefan uneingeschränkt an Herz legen.

Qualität: 8/10 (alter Videoclip)
Splatter: 8/10 (goriger Durchschnitt)
Härte: 8/10 (düster, aber aufgelockert)

RETURN OF THE LIVING DEAD 2
AKA
TOLL TREIBEN ES DIE WILDEN ZOMBIES (USA 1988)

Das Militär ist nach den Ereignissen aus dem ersten Teil kein Stück vorsichtiger geworden und verliert bei einem Transport wider ein Fass „Trioxyn-5". Dieses wird von ein paar Kids gefunden und geöffnet. Da sich ein Friedhof in der Nähe befindet, dauert es nicht lange, und in der benachbarten Kleinstadt wimmelt es nur so vor Untoten.

Mit etwas mehr Budget und fast der gleichen Besetzung wie im Erstling, wurde die Story des ersten Teils fortgesetzt (oder auch neu variiert) und der Schwerpunkt des Films, noch ein Stück mehr auf Humor verschoben. Zwar wird´s streckenweise etwas zottig, dafür wird man mit einigen recht anschaulichen Tricks und einer kurzweiligen Handlung entschädigt. Alles in Allen eine gut Fortsetzung, die die Klasse des Originals knapp verfehlt.

Qualität: 8/10 (aufgemotzt)
Splatter: 7/10 (jugendschützerfeindlich)
Härte: 5/10 (brutaler Kinderfilm)

Klasse Spruch: „Ist es Krebs?!!" „Wenn wir Glück haben."

RETUN OF THE LIVING DEAD 3
(USA 1993)

Die Us-Army versucht mit Hilfe von Trioxyn-5 untote Superkampfmaschinen zu erschaffen, doch leider scheitern alle Versuche an der Unberechenbarkeit der Zombies.
Curt, der Sohn des leitenden Offiziers erfährt durch Zufall von diesen streng geheimen Experimenten, macht sich aber keine all zu große Gedanken, bis seine Freundin Julie bei einem Mottoradunfall ums leben kommt.
Er belebt sie wider und flüchtet mit ihr. Zunächst scheint alles gut gegangen zu sein, doch alsbald entwickelt Julie einen ungesunden Appetit auf Gehirn und infiziert unterwegs Jeden den sie begegnet.

Dieser dritte Teil spaltete die Fangemeinde wie es selten ein Film schaffte. Für die Einen gilt er wegen den harten (perfekten) Tricks und des hohen Splattergehalts als der Beste der Reihe. Andere hingegen konnten sich nicht mit der todernsten, ungewohnt düsteren Story (es wurde auf jeden Humor verzichtet) und der etwas seltsamen Zombieliebesgeschichte anfreunden, und hielten ihn für den schlechtesten Teil.
Auf jeden Fall griff Brain Yuzna erbarmungslos in die Trickkiste und setzte vor allen Dingen auf ultrarealistische Schockeffekte, bei denen das Wort „Körperschmuck" eine besondere Rolle spielt.
Man kann den Film gut finden oder nicht.
Objektiv betrachtet muss man zu dem Schluss kommen, dass man es mit einem ordentlich inszenierten Zombieschocker der ganz harten Gangart zu tun hat, der sich storytechnisch ans Original hält und qualitativ kaum Wünsche offen lässt.

Qualität: 9/10 (sehr gute Handwerksarbeit)
Splatter: 10/10 (hart an der Grenze des Erträglichen)
Härte: 10/10 (brutal, erbarmungslos)

RETURN OF THE LIVING DEAD 4: NECROPOLIS (USA 2005)

Der gewissenlose Wissenschaftler Charles arbeite für die Firma Hybrachtech mit dem Kampstoff Trioxyn-5 um neuartige Biowaffen herzustellen.
Sein Neffe Julian ahnt nix davon, bis eines Tages sein bester Freund verschwindet und als Proband in Onkel Charles Labor landet.
Julian und seine Freunde starten eine Rettungsaktion und legen aus versehen das komplette Sicherheitssystem der abgeschotteten Anlage lahm. Sofort wimmelt es überall vor Zombies welche gerne mal schnell die Schädeldecke durchbeißen.

Was „Necropolis" angeht waren sich Fans und Kritiker einig. Die Bewertungen waren durchweg schlecht.
Und tatsächlich kränkelt der in Osteuropa produzierte Film fast an jeder Stelle. Die Schauspieler wirken überfordert und untalentiert.
Peter Coyote, der einzige bekannte Mime in dieser Produktion, macht einen dermaßen lustlosen Eindruck, dass man sich fragt, was er dort überhaupt verloren hat.
Die Handlung strotzt nur so vor Logiklöchern. Und biss etwas Tempo ins Geschähen kommt dauert es gut 45 Minuten.
Auch wurden wichtige Elemente des Originals vernachlässigt, so kann man viele der Zombies schon mit einzelnen Bauchschüssen töten, wehrend es früher noch hieß: „Du kannst sie in Stücke hacken, und dir laufen die Einzelteile hinterher."
Einzig die ordentlichen Tricks und das sehr gute Make-up können in diesen Film überzeugen. Und das Dauergemetzel in der zweiten Hälfte des Films lässt wenigstens keine große Langeweile aufkommen. Auch ein Paar (unfreiwillige) Lacher retten den Film vor einem totalen Reinfall.
So lässt sich am Ende zwar sagen, dass „Necropolis" als Zombiefilm für zwischendurch herhalten kann, aber keineswegs den Titel „Return of the living dead" würdig ist.

Qualität: 8/10 (Hochglanz, aber schäbig)
Splatter: 8/10 (Dauergemetzel)
Härte: 7/10 (oft unfreiwillig lustig, aber erbarmungslos)

RETURN OF THE LIVING DEAD 5: RAVE TO THE GRAVE (USA 2005)

Nach dem Tod von Onkel Charles findet Julian drei Fässer den berüchtigten Kampstoff Trioxyn-5. Da er wohl nicht aus den Ereignissen in Necropolis gelernt hat, verarbeitet er und seine Freunde das Zeug kurzerhand zu einer Partydroge, welche einige unangenehme Nebenwirkungen hat.

Da Teil 4 & 5 vom selben Team in einem Rutsch produziert wurden konnte man sich keine großen Hoffnungen auf einen qualitativ guten Film machen.
Fakt ist: Die Story ist bekloppt, die Schauspieler immer noch schlecht und die Handlung unlogisch.
Aber: Offensichtlich war „Rave to the grave" wohl als Komödie gemeint (obwohl auch viel Witz wider eher unfreiwillig ist) und ist auch nicht so langatmig geraten wie Nr. 4. Auch Splattertechnisch werden wider perfekte und recht harte (in diesem Fall auch abwechslungsreichere) Tricks geboten, weshalb der Film einen gewissen Unterhaltungswert zu bieten hat. Doch Letztenendes bleibt jedem selbst überlassen, welchen Teil er besser (oder noch schlimmer) findet

Qualität: 8/10 (Hochglanz, aber schäbig)
Splatter: 8/10 (rockt)
Härte: 7/10 (durch Witz entschärft)

ALLES CUT:

Im Übrigen ist jeder Teil der Reih in Deutschland bei seiner Erstveröffentlichung nur in zensierter Fassung erschienen. Die schlimmsten Zensuren musst der dritte Teil über sich ergehen lasse. Die (trotzdem indizierte) al VHS wurde um praktisch jede Gewaltszene erleichtert und gehö zu den am schlechtesten Geschnittenen Filmen, die jäh veröffentlicht wurden. Mittlerweile ist jeder Teil in deutscher Sprache Uncut auf DVI erhältlich. Teil 2 sogar mit einer FSK:KJ-Freigabe, was bedeutet, dass man ihn in jedem Kaufhaus erwerben kann.

SECHSTES KAPITEL:
Die reitenden Leichen

DIE NACHT DER REITENDEN LEICHEN
(SPANIEN 1971)

Ein Liebespaar und deren Freundin machen zusammen einen Trip mit der Bahn durch das spanische Bergland. Nach einem kleinen Streit verlässt die junge Frau den fahrenden Zug, und irrt erst einmal eine Weilen durch die Einöde, bis sie schließlich zu einer verlassenen Burg gelangt, wo sie übernachten möchte. Dummerweise ruhen dort die Leichen von blutgierigen Templern, welche alsbald aus ihren Gräbern steigen.

Dieser erste Teil, der „Reitende-Leichen-Reihe" ist ein kleiner aber sehr feiner Genreklassiker. Immerhin führte er ein Paar der eigentümlichsten Filmmonster, die es jäh gab, in das Zombiegenre ein.
Begleitet von schweren Glockenklängen und hallenden Männerchören, reiten diese Skelette in Umhänge gehüllt, auf verwesten Pferden in Zeitlupe durch die Nacht.
Dabei ist zwar immer etwas verwunderlich, wie die toten Templer (welche sich unter allen Zombies rekordverdächtig langsam bewegen) es immer wider schaffen ihre Opfer in irgendeine Ecke oder Sackgasse zu drängen; doch wirkt gerade deswegen auch alles immer so alptraumhaft.
So wird man auch daran erinnert, dass die Angst nicht auf der Leinwand (oder dem Bildschirm) entsteht, sondern im Kopf des Betrachters.
Zwar würden die Zombies nach heutigen Maßstäben eher für Lacher als für Grusel sorgen (besonders die steifen Skeletthände aus Hartgummi), doch macht auch genau das Trashige den naiven Charme des Films aus.
Auch fällt positiv auf, dass die Handlung nicht nach 08/15-Schema aufgebaut ist, sondern recht storylastig daher kommt.
So fallen die (recht harten) Splattereinlagen auch nicht unbedingt reich aus; woran man sich allerdings nicht zu sehr stören sollte, da man sonst ganz gut unterhalten wird - auch dank einiger herrlich schräger (oder auch wunderbar bekloppter) Ideen und Figuren; wie, zum Beispiel, der menschenfeindliche Leichenbestatter.

> **Qualität: 8/10 (Ordentlich trashig)**
> **Splatter: 6/10 (Anständig, wenn auch nicht massig)**
> **Härte: 8/10 (düster und ausgewogen)**

DIE RÜCKKEHR DER REITENDEN
LEICHEN (SPANIEN 1972)

Oh, die bösen Templer sind zurück und möchten sich an den Nachfahren Derer rechen, welche sie für ihre blutigen Rituale geblendet und verbrannt haben; und zum Jubiläum auch noch ein großes Volksfest veranstalten.

Die Fortsetzung zum kultigen Trash-Zombie „Nacht der reitenden Leichen" bleibt dem Original weitgehend treu. Einzig die Story wurde bedeutend geradliniger und dient mehr als Gerüst für die diesmal etwas blutigere Rache der Templer. Ob der Film nun besser oder schlechter ist, als das Original kann jeder für sich selbst beantworten. Weitläufiges Kritikerecho tendierte jedenfalls zu Letzteren. Dies könnte allerdings auch daran liegen, dass sich der Film in der ersten Hälfte einem Menge Zeit lässt, biss etwas Action ins Geschähen kommt.

Qualität: 8/10 (gleichwertig zum Original)
Splatter: 7/10 (aufgemotzt, wenn auch nicht zu viel)
Härte: 8/10 (düster und ausgewogen)

DAS GEISTERSCHIFF DER
SCHWIMMENDEN LEICHEN
(SPANIEN 1973)

Irgendwo auf hoher See: Zwei Mädels verfahren sich mit ihren Motorboot, und bleiben im feuchten Nass stehen. Alsbald taucht ein altes Schiff auf und die doofen Nudeln, gehen an Bord. Da die Templer nicht nur die spanische Einöde unsicher gemacht haben, sondern auch mal mit der „Flying Dutchman" unterwegs waren, haben die Ladys schnell ein gewaltiges Problem; genauso wie die Leute, die sich auf die Suche nach ihnen begeben.

Hier nun der mit Abstand schlechteste Teil der Reihe.
Da auf dem Schiff kein Platz zum reiten war, wurde Kurzerhand aus den „reitenden Leichen" die „schwimmenden Leichen".
Zwar ist die Atmosphäre, der Reihe gerecht, düster und staubig. Aber dafür ist der Film erschreckend ereignislos. Es gibt lediglich zwei gute Goreszenen, in denen eine Frau geköpft wird, und einer anderen das Herz herausgerissen wird aber damit hat´s sich dann auch.
Meistens wird unter den Figuren gestritten, oder diese tapsen im Halbdunkel durch leere Räume, oder werden von den 2 km/h- Zombies kreuz und quer, hoch und runter übers Schiff gehetzt, biss diese auf die geniale Idee kommen, die Templer, welche tagsüber schlafen, in ihren Särgen über Bord zu schmeißen, und das Schiff abzufackeln.

Zwar ist der trashige Charme immer noch vorhanden; aber reichen tut das diesmal nicht.

Qualität: 6/10 (abgesackt)
Splatter: 6/10 (hart aber wenig)
Härte: 7/10 (düster und ausgewogen)

ZU ERWEHEN SEI NOCH, dass der Film beschlagnahmt wurde. Im Beschlagnahmebeschluss werden drei Szenen als Begründung erwähnt.
Die zwei obern bereits Angesprochenen, und witziger Weise auch (Originalzitat) „Ein Skelett verbrennt (Großaufnahme)".

BLUTGERICHT DER REITENDEN LEICHEN
(SPANIEN 1975)

Die Templer möchten alle paar Jahre ne Jungfrau für sinnlos blutige Rituale. Diese bekommen sie aus einem etwas abgelegen Dorf, von den Einwohnern geliefert.
Ein Arzt und seine Frau stören sich allerdings an dem Geschähen und greifen, mit freundlicher Hilfe des gutherzigen Dorftrottels, ein.

Hier nun der Abschluss der Templer-Sage.
Sei gesagt, dass er wohl die härtesten Goreszenen der Reihe hat.
Ansonsten ist er etwas interessanter als der Dritte, hat mehr Handlung als der Zweit, ist aber auch sehr öde geraten. Einige mögen ihn (wohl wegen der harten Goreeinlagen) als den zweitbesten Teil bezeichnen; ich persönlich meine aber, dass nach teil 2 am besten hätte Schluss sein sollen.

Qualität: 7/10 (Durchschnitt)
Splatter: 8/10 (Aufgemotzt)
Härte: 7/10 (bis zuletzt konstant)

SIEBTES KAPITEL:
Die große (Trash-)ZOMBIEWELLE

Nach den großen Erfolgen von Romeros „Dawn of the dead" und Fulcis „Zombies2" ging es mit den lebenden Toten erst richtig los.
Besonders in Europa, und dort ganz besonders in Italien wurden in den Spät-70er und 80er Jahren unzählige Zombiehorrorfilmen produziert.
Deren Qualität reichte von großartig, über kurios bis zu grottig.
Und gegen Ende der 80er – Anfang der 90er wurde das Zombie-Thema dermaßen tot geritten, dass es über ein Jahrzehnt dauern sollte bis Zombies wider Kinotauglich wurde.

Die besten und schlechtesten, aber immer irgendwie sehenswerten dieser Filme, werden hier besprochen.

GROSSANGRIFF DER ZOMBIES
AKA
NIGHTMARE CITY (ITALIEN 1980)

Ein Reporter ist zufällig am Flughafen, als ein Flugzeug notlandet, welches durch eine radioaktive Wolke geflogen ist.
Heraus steigen verunstaltete Männer, die jeden töten der ihnen über den Weg läuft. Wer getötet wird verwandelt sich ebenfalls in ein solches Monster, und macht sich auf die Suche nach frischem Blut. Diese „Atomic Vampires" (wie sie in einem der unzähligen Alternativtitel heißen) sind nicht nur schnell und tödlich, sondern auch intelligent. Sie können mit Maschinengewehren schießen, Menschen in Hinterhalte locken und ihren Opfern sogar die Telefonleitung abklemmen, damit auch ja nicht die Polizei gerufen wird.
Wehrend das Militär versucht der Lage her zu werden, schaffte es der Reporter seine Frau aus einem Krankenhaus zu retten, welches Restlos niedergemetzelt wird.
Auf der Flucht vor den mutierten Zombies erlebt das Ehepaar immer weitere Schrecken und Grauen. Und die Lage scheint immer hoffnungsloser.

Dieser von italienischem B-Handwerker Umberto Lenzi fabrizierte Horrortrash gehört eindeutig in die Abteilung Kuriositäten, und ist eine kleine Perle für Liebhaber des schlechten Films.
Das Zombie-Make-up schaut aus, als hätte man den Leuten Dreck und Haferflocken ins Gesicht geschmiert. Die Dialoge sind hölzern, und von Logik gibt es oft keine Spur.

Doch genau dieser letzte Makel, ist es auch der den sonst (fürs italienische Trashkino) solide inszenierten Film auch so besonders macht, so entsteht der Eindruck, man hätte es mit einem Alptraum zu tun.

Der Film will nur unterhalten und gruseln; und dies schafft er auch durch eine temporeiche Inszenierung, blutiges Dauergemetzel, bedrohliche Atmosphäre und eine herrlich, düstere Alptraumlogik, in der schief geht was nur schief gehen kann.

Im Klartext: Ein unterhaltsamer, wunderbar fieser B-Horror, den man mit abgeschaltetem Hirn am besten genießen kann. Nicht für Anspruchsvolle, aber auf jeden Fall einen Blick wert.

> **Qualität: 7/10 (trashig, aber charmant)**
> **Splatter: 8/10 (reichhaltig, aber oft schnell geschnitten)**
> **Härte: 8/10 (herzlich alptraumhaft)**

DIE HÖLLE DER LEBENDEN TOTEN
AKA
VIRUS (ITALIEN 1980)

Auf einem kleinem Atoll in Neu Guinea wird ein tödlicher Virus freigesetzt, der schnell die ganze Umgebung verseucht.

Wer sich infiziert stirbt und kehrt als Untoter, hungrig nach menschlichem Fleisch, zurück.

Eine Spezialeinheit der Polizei wird in den Dschungel geschickt um die Lage zu klären.

Unterwegs treffen sie auf ein kleines Reporterteam, Wilde und jede menge Zombies, welche die Gruppe langsam Mann um Mann dezimieren.

Und noch ein Beispiel für kuriosen Trash (wenn nicht sogar das Beste). Dieser Film ist so schlecht, dass er schon wider gut ist, und ein wahres Musterbeispiel für das Wort Abklatsch. Denn hier wurde von Bruno Mattei (auch bekannt als Vincent Dawn) charmant dreist geklaut wo es nur ging.

Der Goblin-Soundtrack entsprang 1 zu 1 „Dawn of the dead", was den extrem schlecht gespielten Film, dann aber auch schon wider aufwertet.

Der herrlich stumpfsinnige Kampf „Spezialeinheit VS militante Umweltschützer" am Anfang erinnert nicht von ungefähr an die erste Actionsequenz aus „Dawn of the dead", da selbst die blauen Uniformen identisch mit denen aus „Zombie" sind.

Aber es geht noch weiter: Praktisch alle Außenaufnahme, sowie 70% der Szenen mit den Wilden, wurde aus Dokumentationen (u. a. „Gesichter des Sterbens") hinein geschnitten. Dabei entstehen so einige Lacher und schmunzelndes Kopfschütteln (Wie kommt eine Wüstenspringmaus nach Neu Guinea?).

Was den Goregehalt angeht, wird der Blutdurst durchweg gut gestillt. Zwar kann man so manches Schweinekotelett, welches aus dem Nacken gebissen wird, auch als solches erkenne, und an die Qualität eines Fulci-Films ist da schon gar nicht zu denken: aber wen einer toten Rentnerin eine Katze aus dem Bauch kriecht, oder einer Frau eine Faust in den Mund gesteckt und dann die Augen von innen herausgedrückt werden, kommt man als Gorehound schon auf seine Kosten; blutige Einschöße und platzende Köpfe gibt es natürlich auch zu Genüge.

Objektiv beurteilt, muss man den Film als „letzte Scheiße" bezeichnen; es geht einfach nicht anders. Aber wenn man sich einen richtig schlechten Film anschauen möchte, bei dem man blutig und sinnfrei (am besten mit Unterstützung von alkoholischen Getränken) unterhalten werden möchte, kann man bei „Virus" (welcher unter „Trash-Fans" ein hohes Ansähen geniest) bedenkenlos zugreifen.

Alle anderen seien gewarnt.

Qualität: 3/10 (dilettantisch)
Splatter: 8/10 (gorig, kreativ)
Härte: 7/10 (erbarmungslos, aber auch unfreiwillig komisch)

PREMUTOS- DER GEFALLENE ENGEL
(DEUTSCHLAND 1997)

Premutos, seines Zeichens gefallener Engel, Bad Guy und Massenmörder, wurde zwar im Laufe der Geschichte des Öfteren getötet, schaffte es aber immer irgendwie wiedergeboren zu werden.

Mathias, dessen Vater gerade Geburtstag feiert, hat das Pech als Wirt für den unangenehmen Engel herzuhalten, und mutiert wehrend der Party zu Premutos.

Damit er sich nicht zu einsam fühlt, lässt er auch mal schnell einen Haufen Zombies auferstehen, die auf die Partygeste losgehen.

Doch diese sind ziemlich wehrhaft, auch dank der großen Waffenarsenals von Mathias Vater.

Ja, Premutos kommt aus Deutschland.

Ja, Premutos fällt unter die Bezeichnung Amateurfilm (obwohl er 200 000 Mark gekostet hat).

Aber damit hat´s sich auch mit den Stigmata.

Denn was der deutsch Meister of Gore Olaf „the one and only" Ittenbach abgeliefert hat, ist ein absoluter Hammer, den Mann in einem Satz mit Streifen wie Braindead nennen kann.

Hier wird gesplattert was das Budget hergibt. Man bekommt eigentlich alles was man sich in seinen blutroten Träumen wünschen kann.

Auch an Humor wurde nicht gespart, dieser ist aber überwiegend krude und nicht unbedingt Jedermanns Geschmack. Da man den Film aber sowieso nicht ernst, sondern als Funsplatter angehen sollte, wird man bestens unterhalten.

Qualität: 8/10 (eindrucksvoll)
Splatter: 10/10 (bayrische Superblutwurst)
Härte: 9/10 (ganz schön herb)

ZOMBIE-BLOODY DEMONS
AKA
THE VIDEO DEAD (USA 1987)

Einem Schriftsteller wird aus versähen ein alter Fernseher angeliefert. Alsbald ist der arme Mann tot.

Das Haus wird verkauft und die Familie Blair zieht ein. Da Mama und Papa noch durch die Weltgeschichte tingeln, machen es sich zunächst Tochter Zoe und Sohn Jeff heimisch.

Schnell stolpert Jeff über die mysteriöse Flimmerkiste und befreit einen Haufen schlecht gelaunter Zombies welche ein paar Leute abmurksen und die hübsche Nachbarstochter in die Wälder entführen.

Zusammen mit dem, inzwischen aufgetauchten, Besitzer des Fernsehers, ausgerüstet mit Kettensäge und Pfeil und Bogen, macht sich Jeff auf um die Holde Maid zu retten.

Hier ein amerikanischer Film aus der C-Kategorie, der sein kleines Budget mit einem soliden Spannungsaufbau, Einfallsreichtum und reichlich (subtilen, teils auch unfreiwilligen) Humor ausgleicht.

Was man geboten kriegt ist ein kleiner dreckiger Zombiehorror, in der Tradition von „Return of the living dead".

Auch gibt es einige schöne Splattereinlagen (u. a. wird ein Zombie in der Mitte durchgesägt, eine Frau mit dem Kopf voran in einer Waschmaschine versenkt) welche durchweg abwechslungsreich ausfallen.

Der Look ist schön ungeschliffen, verstärkt, besonders gegen Ende, die düster Grundstimmung des Films, und sorgt für Gänsehaut.

Da verzeiht man doch budgetbedingte Schwächen ganz gerne.

Qualität: 7/10 (akzeptabel)
Splatter: 8/10 (abwechslungsreich)
Härte: 8/10 (nix für Kiddys und Warmduscher)

DIE RÜCKKEHR DER ZOMBIES
AKA
NIGHTS OF TERROR (ITALIEN 1980)

Ein Geschäftsmann lädt ein paar Freunde zu einem Wochenende auf seinem Landhaus ein.

Leider hat ein Professor, der Nachforschungen zur Vergangenheit des Anwesens anstellte, aus versehen einen Fluch entfesselt.

Es dauert nicht lange und überall auf dem Gelände steigen Zombies aus der Erde und greifen die Lebenden an.

„Die Rückkehr der Zombies" ist eine dieser kleinen Zombieperlen, die zwar keine große Aufmerksamkeit gefunden haben, aber durch tolle (teils auch unfreiwillige lustige) Effekte, eine guten Score, solide Schauspieler und eine alptraumhafte Atmosphäre überzeugen konnten.

Das Geschähen wird nicht weiter erklärt, ist aber von der ersten bis zu Letzten Minute spannend.

Die vergammelten Zombies sehen echt klasse aus und können ganz schön fies werden, da sie doch das Eine und andere Mal, etwas Einfallsreichtum bei der Jagt nach ihren Opfern zeigen. So wird einer Frau, die im ersten Stock ein Fenster schließt, mal schnell die Hand mit einem Wurfgeschoß an der Wand festgenagelt, damit ihr (schön langsam) mit einer Sense, vom Erdgeschoss aus, das Haupt abrasiert werden kann.

Besonders interessant sind aber die Köpfe der Zombies, welche natürlich zerstört werden müssen, und das immer in Zeitlupe. Wenn Diese platzen oder zertrümmert werden sieht das immer so aus, als wären sie aus Gips.

Natürlich sind das nicht die einzigen Splattereinlagen; von denen es im Film reichlich gibt (besonders die farbenfrohen Ausweidungen sehen richtig schön aus).

Auch eine ganz „spezielle" Inzest-Idee, welche gegen Ende zu einer echt schmerzhaften Goreeinlage führt, sollte hier unbedingt noch Erwähnung finden.

Natürlich gibt es noch so manche (klassische) Kritikpunkte (besonders das viele Gebumse im ersten Drittel). Man sollte allerdings für sich entscheiden ob man sich davon sein Filmvergnügen trüben lässt.

So braucht man die (blutige) „Rückkehr der Zombies" zwar nicht unnötig hoch zuloben, kann sie aber durchaus für den geneigten Zombiefreund empfehlen.

Qualität: 8/10 (solide)
Splatter: 8/10 (reichhaltig)
Härte: 9/10 (Alptraumhaft)

ZOMBIE 3 (ITALIEN 1988)

Irgendwo in Südostasien.

Beim Versuch ein Virus aus einer geheimen militärischen Anlage zu klauen, wird einer der Diebe infiziert und flieht.

Kurze Zeit später stürmen Soldaten in Schutzanzügen ein Hotel und finden die Leiche des armen Kerls, welcher sich schon mal vorsorglich die gammelnde Hand abgehackt, und eine der Putzfrauen abgemurkst hat.

Da die Infektion sich schon angefangen hat auszubreiten, werden kurzerhand alle Leute im Hotel getötet und der Leichnam des Diebs verbrannt.

So gelangt die Seuche in die Luft. Zuerst werden die Vögel infiziert, welche dann die Menschen angreifen. Wer stirbt wird zum Zombie.

Drei Soldaten und ein Bus voll Models, sind gerade unterwegs, als der Notstand ausgerufen wird.

Sie verbarrikadieren sich in einer verlassenen Urlaubsanlage und kämpfen gegen den Ansturm von Untoten. Nach einigen Verlusten, treten sie die Flucht an. Doch sie müssen sich nicht nur vor den Zombies in Acht nehmen, denn die Militärs in den weißen Schutzanzügen erschießen Alles und Jeden, der ihnen begegnet.

Obwohl Zombi3 als ein Lucio Fulci-Film verkauft wurde, hatte Fulci nur ein paar der Splatterszenen gedreht und war nach kurzer Zeit, wegen der extrem schlechten Drehbedingungen ausgestiegen. Trashfilmer Bruno Mattei übernahm die Regie und fabrizierte einen drittklassigen Schundfilm, in dem einzig eine wunderbar dreckige Atmosphäre und viele kreative Splattereinlagen der härteren Sorte überzeugten.

Wenn man also, die stümperhaft billigen Inszenierung, die dämlichen Dialoge, hölzerne Schauspieler, und die löchrige Story, außer acht lässt und sich mal einen richtig schlechten Horrorstreifen anschauen möchte, wird man von Zombi3 (der in keinster Weise irgend etwas mit Romeros Zombie, oder Fulcis Zombi2 zu tun hat) ganz gut unterhalten.

> **Qualität: 4/10 (stümperhaft, aber unterhaltsam)**
> **Splatter: 8/10 (reichhaltig)**
> **Härte: 9/10 (gnadenlos)**

VERSUS (JAPAN 2000)

Als sich zwei Ausbrecher mit ihren Gangmitgliedern in einem abgelegenen Waldstück treffen wollen, und dies mit einer Geisel auftauchen, müssen sie feststellen, dass Irgendwas nicht in Ordnung ist.

„Der Boss" verfolgt einen seltsamen Plan und eine tödliche Streitigkeit ist nur der Anfang weiterer seltsamer Ereignisse. Der Wald ist verwünscht, bald tauchen die ersten Untoten auf, und ein beispielloses Gemetzel nimmt seinen Lauf.

Mit Versus schuf der spätere „Godzilla – Final wars" Regiesir Ryuhei Kitamura einen kleinen Kultfilm.
Die mystisch angehauchte Story, die ultracoole Daueraction aus Nahkampf, Schießereien und Schwerkämpfen; der schräge Pulp-Fiction-Humor und jede Menge Splatter, machten den günstigen Film Weltweit unter Horrorfans sehr schnell beliebt.
Abgesehen von den sehr professionellen Splatterszenen, sticht auch die musikalische Untermalung besonders hervor, welche die Action (und speziell den furiosen Endkampf) nicht nur optisch ein Erlebnis sein läst.
Über die mittelmäßigen Schauspieler kann man mal den Mantel des Schweigens hüllen, da es hier um einen Independentfilm geht. Jedenfalls bekommt man keine schlechten schauspielerischen Leistungen geboten.
Zusammengefasst ist Versus ein Splatteractioner der oberen Liga, der höchstens an einigen Stellen etwas zu lang geraten ist; dies bleibt aber verzeihlich.

Qualität: 8/10 (kleine Spitzenleistung)
Splatter: 9/10 (Schlitz- und Ballerwettbewerb)
Härte: 8/10 (kompromisslos)

BRAINDEAD (NEUSEELAND 1992)
AKA
DER ZOMBIE-RASENMEHERMANN
AKA
DEAD ALIVE

Als die Mutter des schüchternen Lionel im Zoo von einem seltenen Rattenaffen gebissen wird, infiziert sie sich mit einem unbekannten Virus. Fortan beginnt die unangenehme Erzeugerin an, vor sich hin zu vegetieren und ihrem Sprössling, der noch bei ihr wohnt, das Leben schwer zu machen. Schon bald kommt es zu den ersten Toten, welche allerdings nicht tot bleiben sondern als blutgierige Zombies wider kommen. Schnell füllt sich der Keller mit Zombies.
Und als der penetrante Onkel auftaucht und eine Party im Haus veranstaltet, geht der Schlamassel erst richtig los.

Wenn es einen ultimativen Zombiesplatter gibt, dann ist es unbestritten Peter Jacksons BRAINDEAD. Was man hier vom späteren „Herr der Ringe"- Director geboten bekommt ist schlichtweg unglaublich, sprengte Mitte der 90er die Rahmen des Genres, und setzte ganz neue Maßstäbe für den Funsplatter.

Der neuseeländische Mix aus Horror, Humor, schrägen Figuren und überblutigen Effektgewitter; bot nicht nur perfekte Tricks, und gute Schauspieler, sondern auch eine sehr interessante Story und eine kurzweilige, abwechslungsreiche Handlung die in einem furiosen Finale mündet.

Besonders sticht auch die Balance zwischen Witz und Härte hervor: Wird in einem Augenblick die Spannung durch einen Gag gebrochen, bleibt einem im nächsten Moment das Lachen im Halse stecken, weil sich der Mageninhalt auf den Weg nach oben gemacht hat.

Für zarte Gemüter und sensible Mägen ist „Braindead" sicher nichts. Was Ekeleffekte und (geschmackvolle) Geschmacklosigkeiten angeht kann ein andrer Film „Braindead" kaum das Wasser reichen. Spätesten wenn Lionel sich durch eine lebendig gewordene Darmschlinge beißen muss, trennt sich unter den Fans, die Streu vom Weizen.

> **Qualität: 10/!0 (Meisterstück)**
> **Splatter: 10/10 (Unvergleichbar)**
> **Härte: 8/10 (heftig, aber durch viel Witz etwas entschärft)**

IN DER GEWALT DER ZOMBIES
(ITALIEN 1980)

Ein Baumagnat will auf einer kleinen tropischen Insel eine Freienanlage errichten. Zusammen mit einer attraktiven Begleitung und einem Schiffsverleiher, machen sie sich auf den Weg zu dem kleinen Eiland. Dort werden sie von einem alten Mann und seiner schönen Tochter aufgefordert die Insel zu verlassen.

Alle Warnungen außer Acht gelassen, vergnügt sich der Baumagnat unter Deck mit seiner Begleitung, und der Schiffsverleiher mit der mysteriösen Strandschönheit.

Doch schon bald bricht die Nacht herein, und auf dem inseleigenen Friedhof steigen die Toten aus ihren Gräbern.

Joe D´ Amato ist unbestritten ein wahrer Schundfilmer.

Neben den unzähligen Soft- und Hardcorepornos, wurde er besonders durch „Black Emanuelle", „Men Eater" und die berüchtigte „Orgasmo Nero"-Reihe (u. a. Porno Holocaust) bekannt.

Dabei waren seine Filme weder wirklich schlecht gemacht noch gespielt. D´ Amato verstand sein Handwerk sehr gut.

Das Problem, bei einer objektiven Beurteilung ist mehr, dass sich seine Streifen auf die niederen Instinkte besinnten, und dabei oft Spannung, Logik und eine plausible Story vernachlässigt wurden.

„In der Gewalt der Zombies" ist einer von D´ Amatos besseren Filmen, obwohl man ihn keineswegs als gut bezeichnen sollte.

Viel mehr ist der Film ein gutes Beispiel für die selbstzweckhaften Schmuddelkinofilme der 70er, welche billig und schnell produziert, viel Geld in die Kassen der Produktionsstudios brachten.
Splatter gibt es kaum. Viel mehr wird hier gevögelt wo es nur geht. Dies sieht dank der wunderschönen Laura Gemser zwar ganz nett aus, macht den Film aber auch nicht gerade wertvoller.
Man sollte hier noch beachten, dass es zwei Version von „In der Gewalt der Zombies" gibt. Einmal die normale Kinofassung, und dann noch eine „Hardcore"-Fassung. Letztere ist nicht zu empfählen, da sie einzig um (viele) harte Sexszenen (splattertechnisch sind beide Fassungen gleich) verlängert ist, welche ihren Augenmerk auf den (stark behaarten) Intimbereich richten, und den ohnehin etwas zähen Film langweilig machen.

Qualität: 7/10 (Schundfilm)
Splatter: 7/10 (knapp unter Durchschnitt)
Härte: 8/10 (Genreüblich)

DÄMONEN
AKA
DANCE OF THE DEMONS
(ITALIEN 1985)

In neu eröffneten Berliner Kino Metropol wird ein Film über Dämonen gezeigt.
Im Vorraum stehen mehrer Requisiten aus dem Film.
Unter Anderen, auch eine Maske, die die Seuche überträgt.
Eine Prostituierte zieht diese an, verwandelt sich wehrend der Vorführung in einen Dämon und steckt sofort weitere Gäste an.
Alle Anderen müssen feststellen, dass die Türen und möglichen Fluchwege verschlossen, oder Zugemauert wurden. Das Kino wird zur Todesfalle.
Und die Infektion breitet sich sehr schnell aus, denn es reicht der kleinste Kratzer um zum Dämon zu werden.

Lamberto Bava inszenierte diesen Film in bunter Musikvideoclip Ästhetik der Früh-90er, was ihm von vorne herein einen interessanten Look verpasst, und zur einer mystisch alptraumhaften Atmosphäre führt. Neben der edlen Optik wurde, besonders auf harte Splattereinlagen wert gelegt, von denen hier der Gorehound reichlich geboten bekommt. Ein wahrer Leckerbissen sind die detaillierten Verwandlungen, vom Mensch zum Dämon, bei denen u. a. die Fingernägel aufbrachen, und Zähne herausfallen.
Aber auch sonst war der Verbrauch an roter Soße und Latex beachtlich.

Der schnelle Elektro-Score sorgt für ein stetiges Tempo, und dafür, dass vom Anfang bis zum Ende keine Langeweile aufkommt.

Alles in Allen kann man „Dämonen", bei dem übrigens Dario Argento persönlich als Produzent fungiert, als ein Highlight unter den Zombieschockern bezeichnen und uneingeschränkt empfählen.

Qualität: 9/10 (Glanzleistung)
Splatter: 9/10 (Blutwurst)
Härte: 9/10 (Hammer)

DÄMONEN 2 (ITALIEN 1986)
AKA
DANCE OF THE DEMONS

Im Fernsehen wird ein Film über die Geschehnisse aus dem Metropol Kino gezeigt.

In einem Modernen Hochhaus steigt plötzlich ein Dämon aus der Glotze und das Sicherheitssystem schottet das Gebäude von der Außenwelt ab. Schnell sind die ersten Einwohner infiziert und der Rest muss sich mit ihnen rumschlagen.

„Dämonen 2" unterscheidet sich kaum vom ersten Teil. Abgesehen davon, dass man die Szenerie gewechselt hat, wurde sogar teilweise auf dieselben Schauspieler zurückgegriffen.

Alles ist einen Tick aufwändiger geraten, der Look ist nicht mehr so farbenfroh, sondern eher kühl gehalten worden; aber ansonsten hat man mehr das Gefühl, es mit einem Remake zu tun zu haben, als mit einem Sequel.

Nichts desto trotz gilt für „Dämonen 2" genau das Selbe, wie schon für den ersten Teil: Harter, teils unlogischer, teils witziger, aber immer unterhaltsamer und spannender Splatterhorror.

Lustiger Weise wurde der Film in Deutschland (wohl aus Zensurgründen) als Erster veröffentlicht, und der erste Teil später Direct-to-video als „Dämonen 2". Erst bei der DVD-VÖ wurden die Streifen wider in richtiger Reihenfolge betitelt.

Qualität: 9/10 (solides Handwerk)
Splatter: 9/10 (Blutwurst)
Härte: 9/10 (erbarmungslos)

RABID
AKA
ÜBERFALL DER TEUFLISCHEN BESTIEN (KANADA 1977)

Die schwer verletzte Rose bekommt nach einem Motorradunfall ein neuartiges Hauttransplantat. Als Nebenwirkung muss sie feststellen, dass sie nun ein Loch in der Achsel hat, aus dem ein penisähnlicher Stachel wächst. Schnell entwickelt sich ein Blutdurst, denn Rose dadurch still, dass sie wildfremde Männer verführt und ihnen dabei etwas von ihren Lebenssaft absaugt.

Dies können sich danach an nichts erinnern, haben aber jetzt ein ansteckendes Virus im Körper welches sie in blutgierige Bestien verwandelt.

Wehren Rose durch die Lande zieht, und einen Mann nach dem Anderen „vernascht", wird der Nationale Notstand ausgerufen.

David Cronenberg, Meister des organischen Horrors, liefert mit „Rabid" einen schnörkellosen Horrorthriller ab, den man sehr gut mit „Dawn of the dead" vergleichen kann.

Der in Kanada produzierte Film liefert ein Szenario ab, das sich besonders durch seine Kaltschnäuzigkeit und Realismus auszeichnet. Dadurch wird der Film teils, sogar beklemmender als Romeros „Dead-Filme".

Eine Blutwurst bekommt man hier jedenfalls nicht geboten. Tatsächlich ist der Film sogar überraschend subtil in den Gewaltdarstellungen. Die härteste Szene ist, wie ein Mann mit einem Presslufthammer durch eine Autotür hindurch erstochen wir. Viele zu sehen bekommt man dabei aber nicht.

Trotzdem ist der „Überfall der teuflischen Bestien" auf jeden Fall einen Blick wert; auch wenn er nicht unbedingt Jedermanns Geschmack treffen wird. Aber welcher Film tut das schon?

Qualität: 9/10 (solides Handwerk)
Splatter: 6/10 (nicht explizit)
Härte: 8/10 (kein Kinderfilm)

JUNK: RESIDENT ZOMBIE
AKA
JUNK: EVIL DEAD HUNTING
(JAPAN 1999)

Ein paar Juwelendiebe wollen sich in eine verlassene Fabrikgegend mit ihren Hehlern treffen.

Leider befindet sich dort ein US-Labor in dem mit lebenden Toten experimentiert wurde. Außerdem ist etwas schief gegangen und das Gebiet mit Zombies frequentiert.

Japan ist nicht unbedingt ein Zombieland. Zwar sind Horrorfilme aus Japan nicht selten echte Hits, und herausragende Splatterschocker („Guinea pig"-Reihe, „Man behind the sun", „Ichi- The Killer") auch keine Seltenheit. Doch richtige Zombies findet man in der Regel etwas seltener.

Da freut man sich dann über so kleine, feine Filme wie Zombie Junk. Dieser ist ein, zwar billig - aber stylisch, inszenierter Splatterstreifen mit wunderbar fauligen Zombies, schrägen Charakteren, einen coolen Score und viel comichaft überspitzter Action.

Die Tricks (so ziemlich alle die das Zombieherz begehrt) sind solide und sehr blutig.

Die Handlung ist (wie bei fast jedem Zombiefilm) nur dafür da um blutige Schockszenen und wilde Schießereien zu zeigen, und kommt manchmal schon etwas unlogisch rüber. Da der Film aber schnell und kurzweilig ist, kann man sich kaum dran stören.

Auf jeden Fall sehenswert, auch wenn etwas mehr Budget dem Film sicher sehr gut getan hätte.

Qualität: 8/10 (budgetbedingt Gut)
Splatter: 9/10 (Blutwurst)
Härte: 8/10 (Dampfhammer)

AFTER DEAD –
DAS BÖSE IST WIDER DA
AKA
ZOMBIE 4 (ITALIEN 1988)

Ein Stammesführer verhängt, aus Rache wegen dem Tot seines Sohnes, einen Fluch über eine kleine tropische Insel; welcher alle Einwohner tötet. Einige Jahre später strandet eine kleine Gruppe auf dieser Insel, gleichzeitig finden ein Paar Archäologen, die sich schon dort befinden, ein altes Schriftstück, lesen dieses vor und erwecken die tote Bevölkerung. Alle zusammen verbarrikadieren sich in einem verwahrlosten Krankenhaus, und kämpfen gegen den nicht enden wollenden Ansturm der Untoten an.

Und hier ein weiterer Titel, der sich versuchte mit fremden Federn zu schmücken. Qualitativ vergleichbar mit Zombi3, hat er aber weder die böse Atmosphäre, noch viele gute Splatterszenen zu bieten. Das mag daran liegen dass der Film, selbst für vergleichbare Produktionen, extrem günstig und als Schnellschuss produziert wurde.

Tatsächlich ist „After dead" erschreckend langatmig und erstaunlich stumpfsinnig geraten. Und wer schon die Handlung von Zombi3 für unlogisch hielt, erlebt hier noch eine Steigerung.

Die Figuren handeln teilweise so hirnlos, dass das Zuschauen weh tut und die Schauspieler sind so überzeugend, wie ein einbeiniger Fußballspieler in der Bundesliga. Außerdem hat man (als unfreiwilligen Runninggag) den Zombiedarstellern immer wider grüne Flüssigkeit aus dem Mund triefen lassen, was nicht nur absolut billig aussieht, sondern schon nach dem zweiten Mal absolut lächerlich wirkt.

Einzige Lichtblicke sind das wunderbar rockige Titellied „After dead", und zwei richtig gute Goreeinlagen am Anfang und am Ende.

Zusammengefasst kann man AFTER DEAD als eine echte Endtäuschung bezeichnen, der nur Horroranfänger oder ganz Anspruchslose Zombiefans begeistern kann.

Schon traurig, dass ausgerechnet „After dead" einer der letzten Zombiefilme, vor dem großen Zusammenbruch der italienischen Filmindustrie Anfang der 90er war.

Qualität: 6/10 (dilettantisch)
Splatter: 7/10 (unterdurchschnittlich)
Härte: 7/10 (durch die unfreiwillige Komik entschärft)

FÜRSTEN DER DUNKELHEIT
AKA
PRINCE OF DARKNESS (USA 1987)

Nach dem Tot eines Priesters führt sein Nachlass zu einem unglaublichen Geheimnis. Im Keller einer Kirche befindet sich ein uraltes Behältnis, welches den Sohn des Teufels beinhalten soll. Und tatsächlich gibt es in diesem Behälter eine seltsame Flüssigkeit, die ohne jeden natürlichen Grund rotiert.

Ein Team von Wissenschaftlern und ein Priester versuchen hinter das Geheimnis des Behälters zu kommen, und merken dabei nicht, dass die alte Kirche von seltsamen Obdachlosen umzingelt wird. Gleichzeitig beginnt die Flüssigkeit sich selbstständig zu machen und Besitz von den einzelnen Wissenschaftlern zu ergreifen.

B-Movie-Legende John Carpenter, hat so manchen Klassiker (u. a. „Halloween" & „Die Klapperschlange") fabriziert und gehörte zu den unumstrittenen Meistern des fantastischen Films.

„Prince of darkness" gehört zwar nicht zu seinen besten Filmen, ist aber, dank toller Schauspieler, seines cleveren Spannungsaufbaus, und des für Carpenter typischen Elektro-Score, ein kleines Highlight unter den Horrorfilmen.

Die Tricks sind zwar simpel aber wohl platziert.

So kommt es, dass man sich der Spannung und apokalyptischen Atmosphäre kaum entziehen kann.

Obwohl nicht besonders blutig, gab es von „Fürsten der Dunkelheit" in Deutschland nur eine ungekürzte Kinoveröffentlichung, alle (offiziellen) VHS- und TV-Veröffentlichungen waren in einer leicht geschnittenen FSK:16-Fassung zu bestaunen. Erst im Jahre 2002 kam eine (ungeprüfte und) ungeschnittene DVD-VÖ des Labels Kinowelt in der man den Film endlich in seiner vollen Pracht und deutscher Sprache genießen konnte. Rocklegende Alice Cooper spielte den Anführer der bösen Obdachlosen.

Qualität: 9/10 (geschickt)
Splatter: 7/10 (eher subtil)
Härte: 9/10 (nicht ganz so subtil)

NIGHT OF THE LIVING DEAD
(USA, 1990, REMAKE)
AKA
DIE RÜCKKEHR DER UNTOTEN

Die Story ist genau die Gleiche, wie beim Original, nur dass man die Handlung leicht verändert und das Ende anders variiert hat, daher spare ich mir hier eine Inhaltsangabe.

Effektguru Tom Savini durfte diese Remake machen, und hielt sich sehr nah am Original. Dabei ging er ein großes Risiko ein; immerhin verfilmte er hier einen der größten (wenn nicht DEN größten) Klassiker neu. Natürlich konnte der Film nicht mehr Schwarzweiß sein, sondern wurde im besten Look der 90er produziert, und die Zombies mussten auch etwas schicker als ihre Vorbilder aus den 60ern aussehen; aber ansonsten blieb Savini Romeros Erstling erstaunlich treu.
So wurden hier auch keine übermäßig expliziten Splattereinlagen zum Besten gegeben. Vielmehr wurde alles einfach aufpoliert, verbessert und mit etwas mehr schwarzen Humor gewürzt.
Daher kann man an dem sehr soliden Film auch nichts aussetzen.
Er kann neben dem Original bestehen, ohne es zu übertrumpfen, und ist sicher eine Alternative für all die (ignoranten) Menschen, die keine SW-Filme mögen.

Qualität: 9/10 (sehr solide)
Splatter: 8/10 (aufgemotzt)
Härte: 8/10 (kompromisslos)

GHOSTS OF MARS (USA 2001)

Mars im Jahr 2176:
Ein Trupp von Polizisten soll den unberechenbaren Mörder Williams aus einer entlegenen Siedlung abholen.
Vorfinden tun sie jedoch nur die spuren eines Blutbades.
Die Geister einer uralten, und sehr aggressiven Marsrasse haben Besitz von den Bewohnern ergriffen und sind alles andere als erfreut über die menschlichen Besucher.
Schnell gibt es neue Tote; und die Polizisten müssen sich mit Williams und seiner Bande verbünden um zu überleben.

Wenn John Carpenters Filme etwas niemals sind, dann ist es langweilig.
Hier nutzte er die bewährte Gangster+Cop-Belagerungssituation aus „Assult- Anschlag bei Nacht" und kombinierte sie mit Sci-Fi-Elementen und abgeänderter Zombiethematik, würzte das Ganze mit dem grimmigen Humor seiner „Klapperschlange"-Filme und unterlegte alles mit seinen typischen Elektroscore.
Splattertechnisch bekommt man abgesehen von ein paar hübschen Enthauptungen, dem Körperschmuck der Zombiekrieger und den obligatorischen, blutigen Einschüssen, zwar nichts Besonderes geboten; dafür sorgt aber die bedrohliche Stimmung für anständige Spannung, und die herrlich hohlen Charaktere für angenehmes Schmunzeln.
Kurzweilige, spannende Zombie-Trash-Action vom Meister der Horrorunterhaltung.

Qualität: 9/10 (gutes Handwerk)
Splatter: 8/10 (reichhaltig)
Härte: 8/10 (genreüblich)

ACHTES KAPITEL:
Die neue Generation

Schon Anfang-Mitte der 90er galt das Zombiegenre als tot und begraben. Zu viele Mittelklassige Videoproduktionen, und die Tatsache, dass fast jeder Amateur sich bei seinem Debüt für einen Zombiefilm (oder Slasher) entschied, sorgten dafür, dass das Thema (bis auf kleine Ausnahmen) einfach nichts neues mehr zu bieten hatte.

Dies änderte sich erst im Jahre 2002 als die erste „Resident Evil"-Verfilmung und Danny Boyl´s „28 days later" für frischen Wind sorgten und ordentlich Geld in die Kinokassen spülten.

Mit Zack Snyders „Dawn of the dead"-Remake wurde 2004 die neue Zombiewelle vollends entfesselt.

RESIDENT EVIL
(USA, DEUTSCHLAND, GROSSBRITANNIEN, FRANKREICH 2002)

Alice erwacht ohne Erinnerungen in einem großen Herrenhaus.

Gleich nach einer kurzen Begegnung mit eine Polizisten, stürmt ein Sonderkommando das Gebäude und nimmt beide in eine unterirdische Anlage, direkt unterm Haus, mit.

Dort hat das Sicherheitssystem alles Personal getötet um den Ausbruch eines Virus zu verhindern.

Nach zahlreichen Verlusten gelingt es den Computer abzuschalten, doch dies öffnet auch gleichzeitig alle Türen. Und damit fängt der Ärger erst an, denn das ausgebrochen T-Virus ist nicht nur tödlich, es reanimiert auch Totes Gewebe.

Unzählige eingesperrte Zombies stürmen aus ihren Gefängnissen und machen Jagd auf die Lebenden.

Wenn es ein ultimatives Zombie-Splatter-Horrorspiel gibt, dann ist es „Resident Evil", welches es inzwischen auf 3 sehr gute Fortsetzungen (Teil 5 ist für das Jahr 2008 geplant), ein Remake, ein Prequel („Zero") und unzählige Rip-Offs (u. a „Code Veronica", „Gun Survivor) gebracht hat.

Einige Besonderheiten des Spiels waren die filmartige Umsetzung in der man das Geschähen aus wechselnden Kameraperspektiven beobachten konnte; die blutig splattrige Action und (, besonders bei dem noch grafiktechnisch etwas bescheidenen ersten Teil) die suggestive Musik, welche eine derart bedrohliche Atmosphäre erzeugte das die Nerven des Spieler bis zum zerreißen gespannt wurden.

Natürlich wurde sehr schnell von einer Verfilmung gesprochen.

Ursprünglich sollte Georg R. Romero persönlich die Regie übernähmen.

Er schreib auch ein Drehbuch, welches aber bis auf die obligatorischen Zombies und den „Tyran" (einen besonders fiesen Endgegner) kaum etwas mit dem Original zu tun hatte. Nach unzähligen und langwierigen Streitereien mit den Produzenten wurde Romero gefeuert, oder stieg aus (die Berichte dazu sind widersprüchlich) und Paul W. S. Anderson, welcher sich mit den ersten Mortal Combat- und Blade-Verfilmungen einen Namen als erfolgreicher Handwerker gemacht hatte, bekam den Job. Was herauskam spaltete die Meinungen der Fans.

Waren die Einen von den detailgetreuen Sets und der ultra spannenden Handlung begeistert. Störte andere, dass der Film insgesamt zu glatt und unblutig geraten war, und storytechnisch eigene Pfade eingeschlagen hat. Letzteres war natürlich mehr vorteilhaft, da man je sonst vorher wüsste, wer überlebt und wer nicht. Was alle anderen Punkte angeht ist es Ansichtsache des Zuschauers, ob er den Film gut findet oder nicht.

Objektiv gesehen ist „Resident Evil" ein spannend düsterer (wen auch nicht expliziter) Zombiefilm mit guter Optik, sehr soliden Schauspielern und tollen Tricks geworden.

Qualität: 10/10 (Hochglanzarbeit)
Splatter: 6/10 (relativ unblutig)
Härte: 8/10 (herbe, düstere Action)

RESIDENT EVIL–APOKALYPSE
(DEUTSCHLAND, FRANKREICH, GROSSBRIANIEN 2004)

Alice erwacht im Krankenhaus von Raccon City, und muss nicht nur feststellen, dass die ganze Stadt der Infektion des T-Virus zum Opfer gefallen ist, sondern auch dass die Wissenschaftler der Umbrella Corporation an ihr herumexperimentiert haben.

Zusammen mit einigen anderen Überlebenden versucht Alice aus der Zombie und Monsterverseuchten Stadt herauszukommen.

Doch nicht nur die Seuche, sondern auch Umbrella steht einer Flucht aus der Stadt gewaltig im Weg und hetzt ihren neuen Supermutanten Nemesis auf die Gruppe.

War die Story des ersten Teils noch weitgehend unabhängig, diente für die zweite Verfilmung besonders „Resident Evil 3- Nemesis" als Vorlage, für viel wilde Action und gepflegten Zombiehorror.

Dabei ist Action das Schlagwort, denn der Film setzt diesmal nicht mehr auf einen großen Spannungsaufbau, oder eine düstere Atmosphäre, sondern wirft den Zuschauer sofort in ein Zombieszenario bei den so ziemlich alles zu Kleinholz verarbeitet wird, was nicht bombenfest ist.

Der Bodycount wurde dabei deutlich erhöht, wobei man sich aber wider keine Hoffnung auf Explizites machen darf. Zwar gibt es massig viele Kopfschüsse, einige Bisse, und man bekommt sogar ne abgenagte Leiche

zu sehen; doch ist alles so unblutig wie möglich gehalten, um den Film möglichst auch, wie schon den Erstling mit eine FSK:16-Freigabe ins Kino zu kriegen; was aber nichts gebracht hatte, da der Film „ab18" freigegeben wurde.
Trotzdem ist „Resident Evil- Apokalypse" ein solider, kurzweiliger und wuchtiger Zombiefilm geworden, der sich diesmal etwas genauer an die großartige Vorlage gehalten hat.

Qualität: 10/10 (Hochglanzarbeit)
Splatter: 8/10 (aufgemotzt)
Härte: 7/10 (genreüblich)

RESIDENT EVIL – EXTINCTION
(USA, DEUTSCHLAND, AUSTRALIEN, GROSSBRITANIEN, FRANKREICH 2007)

Der T-Virus hat sich über die Grenzen von Raccon City ausgebreitet und die Erde in einen Wüstenplaneten verwandelt.
99% der Menschheit sind zu Zombies geworden und machen Jagt auf die verbliebene Überlebenden, welche sich zusammen mit Alice auf dem Weg nach Alaska gemacht haben, wo es noch keine Infektion geben soll. Aber auch die Umbrella Corporation hat überlebt und hat nur böses im Sinn. Allen voran Dr. Isaacs, der in Alice das einzige Mittel zur Bekämpfung der Seuche sieht, und schnell über Leichen geht um an sein Ziel zu gelangen.

Hier hat die Verfilmung storytechnisch wohl die Vorlage überholt. Sei´s drum!
Und irgendwie wurde auch aus allen Möglichen Zombie- und Endzeitfilmen (allen voran „Day of the dead" und „Mad Max 2") geklaut, wo es nur ging. Sei´s drum!
Denn: „Resident Evil: Extinction" ist ein Zombiefilm erster Güte, und bestes Unterhaltungskino.
Wesentlich härter und düsterer als seine beiden Vorgänger, bekommt man hier praktisch alles geboten was man sich als „Resident Evil"- Fan wünscht.
Vergammelte, fiese Zombies, gut vertraute Monster und kompromisslos schnelle Action (besonders der Angriff der Krähen und der Kampf gegen die Superzombies, bei denen Alice hautsächlich mit Messern kämpft) lassen den Puls um Einiges schneller schlagen.
Außerdem wurde die Optik verbessert. Waren „Resident Evil 1 & 2" noch glatt und (besonders „Apokalypse" teils bunt inszeniert, wurden bei „Extinction" hauptsächlich Gelbfilter eingesetzt, wodurch die apokalyptisch heiße Atmosphäre der Wüstenlandschaften noch verstärkt wurde und alles etwas rauer rüberkommt.

28 DAYS LATER (GROSSBRITANNIEN 2002)

Tierschützer versuchen aus einem Labor Versuchsaffen zu befreien. Dummerweise sind die Tierchen mit einem hoch ansteckenden Virus namens „Wut" infiziert, welches Jeden, der sich infiziert in nur wenigen Sekunden in eine blutrünstige Bestie verwandelt.

28 Tage später erwacht der Fahrradbote Jim aus dem Koma und muss feststellen, dass er der einzige lebende Mensch weit und breit ist. Nach einem zermürbenden Gang durch das verlassene London trifft er dann doch noch auf Menschen, welche sich als Infizierte herausstellen.

Nach einer „feurigen" Rettungsaktion, durch zwei andere Überlebende, erfährt er, dass die britische Insel unter Quarantäne steht und sich das Virus offenbar auch im Rest der Welt ausgebreitet hat.

Einziger Hoffnungsschimmer ist eine Radiosendung, in der von einem „Ausweg" aus der Seuche gesprochen wird. Doch der Weg durch das zerstörte Land gestaltet sich als eine gefährliche Odyssee, an deren Ende noch weitaus Gefährlicheres Lauert als die Infektion.

„28 Days later" ist ein klassischer Zombiefilm, nur eben ohne Zombies. Außerdem war gerade er es, der die „rennenden" Zombies im neuen Jahrtausend etablierte.

Ja, Zombies der Neuzeit sind keine dumpf durch die Gegend trottenden Volldeppen mehr, sondern mehr blitzschnelle brüllende Supersprinter, die schon mal durch so manche Glasscheibe hopsen oder übers Minenfeld rennen, wenn es um die Lebensmittelbeschaffung geht. Dies läutete dann auch die neue Zombiewelle ein.

Danny Boyle inszenierte seinen Film zwar vergleichsweise günstig (DV-Kameras, Gedreht wurde früh morgens wenn niemand auf den Straßen war), doch davon ist im fertigen Werk nichts mehr zu Spüren.

Viel mehr war der Einsatz von Digitalkameras ein wahrer Segen; denn durch den rauen Look gewinnt „28 Days later" eine gewaltige Portion an Realismus, wodurch der Film noch beklemmender wirkt. Doch damit nicht genug, denn Danny Boyle orientierte sich eindeutig an Romeros „Dead"-Reihe und sparte weder an Sozialkritik, noch an kleinen Insidern wie z. Bsp.

„Bob", den (hier etwas weniger) domestizierten Zombie aus „Day of the dead"; oder einem Einkaufsbummel der stark an „Dawn of the dead" erinnert.

Zu guter Letzt sollte man den traumhaft ruhigen Soundtrack, und die traum- und alptraumhaften Bilder erwähnen, mit denen man über die ganze Spiellänge verwöhnt wird.

Außerdem ist die Idee, dass man die Apokalypse verschläft und in einer Zombieverseuchten Welt aufwacht einfach nur genial.

Qualität: 10/10 (künstlerisch wertvoll)
Splatter: 8/10 (gekonnt platziert)
Härte: 9/10 (knallhart)

28 WEEKS LATER
(USA, GROSSBRITANNIEN 2007)

Es sind 28 Wochen seit dem Ausbruch von „Wut" vergangen, alle Infizierten sind verhungert und US-Militärs beginnen mit dem Neuaufbau.

Flüchtlinge werden wider ins Land gelassen und in einem abgeschotteten Bezirk Londons angesiedelt.

Darunter befinden sich die Geschwister Harris, deren Elter bei der Katastrophe zurückgeblieben sind.

Wehrend Dad inzwischen beim Wideraufbau mithilft, gilt die Mutter als Verschollen, biss die Kinder ausbüxen um nach hause zurückzukehren.

Dort finden sie die verwahrloste Mutter Harris, die es irgendwie geschafft hat zu überleben.

Doch leider stellt sie sich schnell als tödliche Gefahr heraus; denn obwohl ihr das Virus nichts anhaben kann, ist sie eine Überträgerin. Schnell greift die Infektion wider um sich.

Dass Militär verliert die Kontrolle und sieht als einzigen Ausweg; die komplette Vernichtung aller kontaminierten Bereiche.

Für die Geschwister Harris, einen Soldat und ein paar Andere Menschen beginnt eine mörderisch Flucht, bei der sie sich nicht nur vor den Infizierten in Acht nehmen müssen.

Wenn es ein Beispiel für eine durchweg gelungene Fortsetzung eines weitgehend perfekten Films gibt, dann ist es „28 weeks later".

Hat man sich im großartigen Original das blutige Chaos eines Ausbruchs noch vorstellen müssen, bekommt man dies hier in actionreichen, schnell geschnittenen Bildern serviert, die einem den Atem stocken lassen. Allein schon die 10minütige Anfangssequenz läst das verwöhnte Zombieherz schneller schlagen, und macht Lust auf mehr.

Und man bekommt mehr: Nach dem flotten Start, werden in edlen, meditationsgleich ruhigen Einstellungen die Charaktere eingeführt und die Geschichte vorangetrieben.

Dann geht's ans Eingemachte: Kaum ist der Virus ausgebrochen, beginnt die Leinwand (oder der Bildschirm) förmlich zu explodieren. Die Darstellung der Massenpanik, das Grauen, und die Ohnmacht der regulierenden Mächte, ist so beklemmend, dass man das Massaker fassungslos miterlebt, und sich beim Tot von so manchen Charakter überraschen lassen muss; den das Drehbuch macht keine Gefangenen. Auch wurde die Splatterschraube deutlich angedreht: Bekam man bei „28 weeks later" zwar auch alles andere als zimperliche Gewaltdarstellungen geboten, hat man es hier mit einer knallharten Blutwurst zu tun, welche ihren Höhepunkt in einer überaus saftigen Helikopterszene findet. Zusammengefasst läst sich sagen, dass „28 weeks later" ein knallharter Schocker ist, den man jedem Zombiefan ans Herz legen kann.

Leider ist er beim Kinopublikum durchgefallen, so dass man auf eine weiter Fortsetzung („28 months later" war schon geplant) wohl noch eine ganze Weile wird warten müssen.

Qualität: 9/10 (Glanzleistung)
Splatter: 9/10 (Blutbad)
Härte: 10/10 (nur der Tot ist härter)

DAWN OF THE DEAD
(USA, 2004, REMAKE)

Anna beendet einen arbeitsreichen Tag als Schwester im Krankenhaus, fährt nach Hause und macht sich einen schönen Abend mit ihren Mann. Dabei bemerkt keiner der Beiden, dass nach und nach im Fernsehen und Radio, die Notfallsender anspringen.

Am nächsten Morgen dann, kommt die offenbar schwer verletzte Nachbarstochter in Schlaffzimmer. Anna´s Mann versucht zu helfen, bekommt von dem Mädchen aber schnell die Kehle aufgebissen.

Kaum hat Anna das Girl aus dem Schlaffzimmer ausgesperrt und will den Notruf holen schon wird sie von ihren, inzwischen verbluteten, Mann angegriffen.

Entsetzt und verstört tritt sie die Flucht durch das Badezimmerfenster an, und muss feststellen, dass vor ihrer Haustür die Hölle ausgebrochen ist. Überall explodiert und brennt Irgendwas, und Menschen werden von blutüberströmten Gestallten gehetzt. Ein unbekanntes Virus ist ausgebrochen und verwandelt jeden der infiziert wird in einen, beißwütigen und äußerst flotten Untoten.

Zusammen mit dem Polizisten Kenny und einigen anderen Überlebenden flüchtet Anna in ein großes Einkaufszentrum, welches vorerst sicher zu sein scheint.

Doch die Lage verschlechtert Sich und die Zuflucht wird immer unhaltbarer.

Zack Snyder lieferte mit seinem „Dawn of the dead" nicht nur ein solides Remake, sondern schuf gleichzeitig eine Neuinterpretation des

Zombiegenres, welches eine neue Zombiewelle des neuen Jahrtausends auslöste.

Wie schon bei „28 days later" konnten die Zombies rennen und brüllen, und waren schon einzeln extrem gefährlich, geschweige denn in Gruppen. Dadurch wurde das Weltuntergangsszenario umso realistischer, bedrohlicher und schneller.

Hatte es im Original noch Wochen und Monate gedauert, ging die Welt im Remake, innerhalb von zwei- drei Tagen zum Teufel.

Erfrischend für einen Film des neuen Millenniums, war bei „Dawn of the Dead" auch, dass der Film sich optisch und handwerklich mehr an den Reißern der 80er und 90er orientierte und auf übertriebenen, modernen Firlefanz größtenteils verzichtete. Die Story blieb einfach, und einen Tick weniger sozialkritisch als es noch bei Romero der Fall war. Dafür wurden im Remake aber, die (meist sympathischen) Charaktere und ihre Entwicklungen viel besser (und realistischer) dargestellt.

In Punkto Splatter kann zwar kaum die härte des Originals erreicht werden; allerdings kann man die kompromisslos, blutige Gewalt des Remakes auch keinesfalls als zahm bezeichnen (die Fans kommen auf jeden Fall auf ihre Kosten).

Zu guter Letzt kann man sich als Kenner noch an so einigen Insidern erfreuen, wie z. Bsp. Dem Hubschrauber aus dem Original, der kurz durchs Bild flattert, einen Kurzauftritt von Tom Savini als schwer beschäftigter Sheriff, oder einem bösartigen IHR-SEID-SELBST-SCHULD-Monolog von Ken Foree (dem schwarzen Cop) der als Priester im TV ein Schlusswort zum Ende der Welt spricht.

Alles in Allem ist „Dawn of the dead" ein schnörkelloser Schocker, der den Zombiefilm, nach „Resident Evil" fürs Kino neu belebte.

Qualität: 10/10 (ausgezeichnet)
Splatter: 8/10 (Medium)
Härte: 9/10 (kompromisslos wie das Original)

HOUSE OF THE DEAD- DER FILM
(DEUTSCHLAND, USA, KANADA 2004)

Eine Gruppe von Collegestudenten will zu einer Rave Party auf der abgelegen Insel „Isla de la muerte" fahren und verpasst die letzte Fähre.

Glück gehabt; denn wehrend die jungen, und allesamt attraktiven Leute noch versuchen ein Schiff zu chartern, werden auf der Insel fast alle Partygeste von einer Horde Zombies abgemurkst.

Zusammen mit einem Waffenschmuggler, der gerade auch von einer bekannten Polizistin verfolgt wird, gelangen die Nachzügler auf das kleine Eiland und müssen feststellen, dass die Party zu ende ist.

Doch es dauert nicht lange bis die Raver (leicht verändert) zurückkommen, und eine ganz andere Art von Party beginnt.

„House of the dead" gehört neben „Resident Evil" zu den erfolgreichsten Zombiespielen die es je gab. Im Gegensatz zu „RE" Reihe, wo es sich um eine Adventur handelt, ist „House of the dead" ein Egoshooter bei dem, sich der Spielablauf aufs pure Geballer beschränkt.

Das man unter diesen Umständen keinen „Hamlet" erwarten konnte, war daher schon abzusehen.

Und tatsächlich blieb Regisseur Uwe Boll (von vielen als schlechtester Filmemacher der Welt verschien, von mir nur als talentlos bezeichnet) der Vorlage sehr treu und fabrizierte eine blutige Actionorgie, die zwar mit Geballer, visuellen Tricks und Metzeleinlagen vollgespickt ist; dafür auf eine anständige Story, gute Schauspieler und eine logische Handlung verzichtet.

Zwar kann der Film durch das mit Technosound unterlegte Dauerfeuer leidlich unterhalten, und ist für anspruchslose Zombiefans sicher einen Blick wert, doch entpuppt er sich, bei genauerer Betrachtung, durch eine Menge handwerklicher Fehler (wehrend es auf einem Boot regnet, tut es dies fünf Meter weiter am Strand nicht mehr) und saudämliche Dialoge (Der Bootsmann reicht einer Blondine ein Kreuz „Zu ihrem Schutz". Die antwortet: „Nein danke, ich nehme die Pille") als waschechter Trashfilm. Zwar war das noch nie ein Grund einen (besonders) Zombiefilm abzulehnen, doch schafft es Uwe Boll das visuelle Gewitter so auszureizen, dass es schnell ermüdend wird.

Zwar kann man „House of the dead" seinen Unterhaltungswert, besonders wenn man ihn mit viel Alkohol verstärkt, nicht absprächen; doch ist der Film eindeutig eine misslungene, talentlose Verschwendung von Know-how, die man mit den gegebenen Mitteln um einiges besser hätte machen können.

Entschädigt wird man auf der ungeschnittenen und ungeprüften DVD (die FSK:KJ-DVD ist stark gekürzt) immerhin mit einem deutschen Audiokommentar, bei dem (herrlich peinlich) einer von Uwe Bolls Hunden immer wider hereinplatzt.

Qualität: 8/10 (teils stümperhafter Hochglanz)
Splatter: 9/10 (reichhaltig)
Härte: 7/10 (durch unfreiwilligen Humor entschärft)

ZOMBIE NIGHT (KANADA 2003)

Eine Familie macht in einer abgelegenen Waldhütte Urlaub.
Da es dort weder Radio noch Fernsehen gibt, bekommen sie nicht mit, dass biologische Waffen einen grossteil der Weltbevölkerung getötet und in Zombies verwandelt, welche Nachts, auf der Suche nach frischen Fleisch, aus ihren Verstecken kriechen.

Zusammen mit anderen Menschen versuchen sie zu überleben, doch gegenseitiges Misstrauen und Streitigkeiten werden für die Gruppe zur größeren Gefahr, als der Ansturm der Untoten.

Zombie Night ist einer dieser Filme, bei denen eine richtige Beurteilung, mehr oder weniger, schwer fällt. Was zum Teil aber auch daran liegt, dass es im deutschsprachigen Raum nur eine geschnittene Fassung gibt, und ein englischer Import sich für mich (persönlich) nicht lohnt.
Einerseits ist er für einen Amateurfilm sehr ordentlich gemacht; hat eine gute Optik, schönes (an „Dawn of the dead" orientiertes) Zombie-Make-up, und eine recht nachhaltige Atmosphäre.
Andererseits kann man besonders an den Schauspielern und den Sets sehen, dass Zombie Night keine professionelle Produktion ist.
Doch darüber kann man (wenn man den will) hinwegsähen.
Zwar gibt es, dank Ouverakting, so manche unfreiwillige Lacher, doch bemüht sich der Film ernsthaft auf den Pfaden großer Klassiker zu wandern, und schafft dies sogar teilweise; ohne natürlich deren Klasse zu erreichen.
Alles in Allen, kann man bei „Zombie Night" einen Blick riskieren; muss es aber nicht.

Qualität: 7/10 (ausbaufähig)
Splatter: 8/10 (fürs Budget beachtlich)
Härte: 8/10 (genreüblich)

CITY OF THE DEAD
AKA
LAST RITES (USA 2006)
In LA stürzt ein Meteorit in eine Gruppe Obdachloser. Diese fallen alle tot um, und stehen etwas später (genauso tot) wider auf.
Gleichzeitig wollen ein Paar Gangster (von verfeindeten Gangs) in einer nahe gelegenen Lagerhalle einen Drogendeal abziehen. Die Polizei hat, einsatzbereit, auch schon Stellung bezogen, und wartet nur darauf die bösen Jungs festzunehmen.
Leider wird daraus nichts, denn die Zombie-Penner platzen herein und dezimieren die Hälfte der anwesenden.
Die andere Hälfte verschanzt sich im Lagerhaus und kämpft um Überleben. Da sich die drei Gruppen allerdings sehr feindlich gegenüber stehen, kommt es auch schnell zu Toten, die nicht aufs Konto der Zombies gehen.

OK, die Story klingt zwar interessant, und da der Film als „Zombiehorror a la Land of the dead" beworben wird lässt auch auf gute Unterhaltung hoffen. ABER: Pustekuchen!

Was man hier geboten bekommt, ist eine minderwertige DTV-Produktion, bei der wahre Stümper am Werk waren.

Die Zombies sehen allesamt aus, als hätten sie einen Monat altes Fischgericht gegessen; und klingen als hätte man ihnen den Toilettengang verweigert.

Die Tricks sind (bis auf den Einschlag des Meteoriten) durchweg lächerlich. Dies gilt auch für die (spärlichen) Splattereinlagen. Einzig eine sehr anschauliche Köpfung, gegen Ende, läst das Splatterherz kurz etwas höher schlagen.

Was man an Handlung geboten bekommt, entbehrt meistens jeder Logik und wird auch noch durch blödes Gelaber vollends zum Ausdruck der Langeweile.

Zu guter Letzt noch die Schauspieler: Hier hat man das Gefühl als hätte man sich ein Paar unterbelichtet Möchtegernrapper vom Straßenstrich geholt. Schauspielerische Überzeugungskraft sucht man vergebens. Einzig Reggi Banister, bekannt aus der „Phantasm"-Saga, liefert eine solide Arbeit ab; segnet aber auch schnell das Zeitliche. Alle Anderen sind durchweg jämmerlich. So hat man es mit einem Gangster-Zombie-Crossover zutun, das handwerklich und schauspielerisch durchweg schlecht ist, und auch noch mit albernen Gang-Streitigkeiten nervt.

Qualität: 7/10 (Stümperorgie)
Splatter: 6/10 (eine gute Szene)
Härte: 7/10 (Durchschnitt)

THE QUICK AND THE UNDEAD
(USA 2006)

Eine Zombieepidemie hat die Menschheit heimgesucht und drei viertel der Weltbevölkerung infiziert.

Doch was wäre eine Plage, wenn man kein Kapital daraus schlagen könnte?

So verdienen sich neue Kopfgeldjäger ihren Lebensunterhalt damit die Welt von Zombies zu befreien.

Da es pro erlegten Zombie einen anständigen Verdienst gibt, herrscht unter den Herren ein reger Konkurrenzkampf.

Darum hat Ryn, der die Infektion schon mal überlebt hat, gleich doppelte Probleme. Einerseits muss er hart Arbeiten und tüchtig Finger (als Beweis für jeden erlegte) sammeln; andererseits muss er sich vor seinen Arbeitskollegen in Acht nehmen.

Und so kommt es, wie es kommen muss, und eines Tages wird Ryn überfallen, ausgeraubt und zum Sterben den Zombies überlassen.

Er schafft es zu überleben und macht sich auf die Suche nach seiner Beute.

Also die Grundidee von „The quick and the undead" ist eigentlich ganz gut. Und auch aus dem Drehbuch hätte man was machen können. Doch was wurde letzten Endes aus dem ganz brauchbaren Stoff? Schnell heruntergekurbelter, billiger, absolut überzeichneter, charmefreier Trash.

Dieser Film hat bis auf Langeweile, und einige (schlechte) Splattereinlagen, die allesamt so kreativ sind wie ne weis angestrichen Wand, absolut nichts zu bieten.

Das könnte zum Einem daran liegen, dass der an Italowestern orientierte Film aussieht, wie ein schwuler (Schwul, weil's fast keine Frauen gibt) Hochglanzporno ohne nackte Haut, oder Sexszenen aussieht. Andrerseits ist die Ausstattung (, besonders die lächerlichen Westernkostüme der Darsteller,) sehr dürftig, und kann nicht überzeugen.

Natürlich sind die durchweg talentlosen Schauspieler auch ein Kritikpunkt. Immerhin gab es schon so manchen lachhaften Dialog in den Zombiefilmen der letzten 30 Jahren, der durch gute Schauspielkunst gerettet wurde. Hier sucht man dies allerdings vergebens.

Tempo und Spannung kommt nur die ersten zehn Minuten auf, dann verkommt der Film zur öden Lachnummer.

Doch das größte Problem, weshalb der Film (nicht mal als Trash) überzeugen kann, ist: Es fehlt jeder Ansatz von Atmosphäre und Charme. Wurden (teils)dilettantische Filmchen wie „Zombie 3", „The video dead", oder allen voran „Die Hölle der lebenden Toten" noch dadurch gerettet, dass sie eine finstere Atmosphäre hatten, oder es immer Irgendetwas gab, dass unterhaltsam war und dem Zuschauer ein kleines Schmunzeln entlocken konnte, so nimmt sich dieser Schundstreifen hier auch noch toternst und langweilt, biss zum erbärmlichen Showdown, der im endlosen Gelaber ausartet.

Zu guter Letzt noch die Splattereffekte: Zwar gibt es die ein oder andere Szene (besonders am Anfang konnte man noch hoffen) die eine KJ-Freigabe rechtfertigt, aber leider sind diese nur mittlerer Durchschnitt und verlieren in dem zähen Geschähen jede Bedeutung.

Fazit: Gut Grundidee, durchschnittliches Drehbuch; aber eine absolut talentfreie Umsetzung.

Qualität: 7/10 (Talentlos)
Splatter: 7/10 (Nix neues)
Härte: 7/10 (belanglos)

GRINDHOUSE: PLANET TERROR

AKA

PROJEKT TERROR (USA 2007)

Ein durch eine Schießerei, zwischen Militärs und einem Wissenschaftler, freigesetztes Virus verwandelt Menschen die sich infiziert haben, in Fleisch- und Gehirnfressende Mutanten

Die Einwohner einer nahe gelegnen Kleinstadt bekommen die Auswirkungen als erste zu Spüren.

Unter ihnen eine Stripperin, ein mysteriöser Revolverheld, eine Spritzen schießende Ärztin, und ein cooler Grillbesitzer.

Hiermit schließt sich der Kreis zwischen Klassik und Moderne.

Den dieser von Supertalent Robert Rodrigues gedreht Beitrag zum „Grindhouse Projekt" ist eine außergewöhnliche Big-Budget-Hommage an das klassische Schundkino der 70er und 80er, das durch seine Detailverliebtheit, seinen grimmigen Humor, prominente B-Darsteller der 80er (u.a Michael Biehn, Tom Savini, Jeff Fahey), und explosiv-blutige Action, das Herz jedes B-Movie-Fans höher schlagen lässt.

Optisch digital auf alt gemacht (Kratzer, Überbeleuchtung und einen genialen Filmriss in der heißesten Szene), hat man tatsächlich oft das Gefühl einen unglaublichen Kultklassiker zwischen einem Haufen staubiger Filmrollen ausgegraben zu haben

Dabei wird mit Absicht das ein oder andere Mal auf Logik verzichtet (so explodiert praktisch alles was brennbar ist; nicht selten ohne erkennbaren Grund / oder man Fragt sich schon wie die Stripperin Cherry mit dem Maschinegewehr, das sie als Beinprothese benutzt, überhaupt schießen kann ohne den Abzug zu drücken), doch mindert das keinesfalls das Filmvergnügen, da man ja ohnehin weis, dass man das Gesehene nicht allzu ernst nehmen sollte.

Auch ist der Splattergehalt dermaßen hoch und übertrieben (die Einschüsse gehören eindeutig zu den blutigsten der Filmgeschichte), dass man hier wohl kaum von Realismus sprechen kann, sondern vielmehr von einem großzügigen Geschenk an die Gorehounds, die mit den modernen CGI-Tricks der Neuzeit herzlich wenig anfangen können.

So ist „Grindhouse: Planet Terror" kleines Meisterwerk, des modernen Horrorkinos welches kaum einen Wunsch offen lässt, den meisterhaften Schundfilmen absolut treu bleibt, und dabei alles andere als einer ist.

Qualität: 10/10 (Kunststück)
Splatter: 10/10 (Savin at his best)
Härte: 8/10 (genreüblich, durch viel Humor etwas entschärft)

Weitere Zombiefilme die einen Blick wert sind:

THE DEAD NEXT DOOR (USA 1988)

Die Welt ist von Zombies verseucht. Eine spezielle Polizeieinheit „Zombie Squad" versucht der steigenden Bedrohung Herr zu werden.

„The dead next door" gehört eindeutig zu den besseren Amateurzombiefilmen.
Bietet viel ordentlichen Gore, anständiges Zombie-Make-up und eine interessante Story. Außerdem ist der Titel Programm, so dass man so manches Mal sogar anständig erschrocken wird, wenn die Zombies hinter einer sich öffnenden Tür in die Kamera springen.
Sehenswert.
Qualität: 7/10 Splatter: 8/10   Härte: 8/10

DAY OF THE DEAD (2) - CONTAGIUM
(USA 2005)

Bei Reinigungsarbeiten auf einem alten Militärgelände, wird von Insassen einen psychiatrischen Einrichtung ein mysteriöser Behälter gefunden.
Der hochinfektiöse Inhalt sorgte schnell dafür, dass es in der Klapsmühle vor Zombies nur so wimmelt.

Achtung: Hier hat man es mit einer ausgewachsenem Mogelpackung zu tun.
Den Film als „Day of the dead 2" zu betiteln ist eine wahre Frechheit.
Denn was man hier geboten kriegt hat mit Romeros großartigen Werken, bis auf die obligatorischen Zombies, absolut nix zu tun.
Viel mehr bekommt man hier ein fades, schlecht gespieltes, teils wirklich stümperhaft inszeniertes B-Movie geboten.
Besonders Peinlich: Die Plastikpistolen, für die man sich sogar die Platzpatronen gespart hat.
Einzig der beachtlich (wenn auch nicht überdurchschnittliche) Goregehalt und die Eckeleffekte retten den bekloppten Film vor einer totalen Pleite.
Allerdings sind allen deutschen Versionen, mehr (FSK) oder weniger (SPIO/JK), stark geschnitten.
Qualität: 7/10   Splatter: 8/10   Härte: 8/10

Die NACHT DER CREEPS
(USA 1986)

Zwei Studenten sollen als Mutprobe, für eine Verbindung, eine Leiche aus der medizinischen Abteilung klauen.

Dummerweise erwischen sie einen jungen Mann aus den 50ern, der sich bei einem Meteoritenabsturz einen tödlichen Wurm eingefangen hat.

Dieser Wurm vermehrt sich im Gehirn und lässt den Toten durch die Gegend wanden, biss der Schädel platzt und sich die kleinen Tierchen neue Wirte suchen.

„Night of the creeps" ist ein typischern B-Teen-Horror der späten 80er, mit viel feinen Witz, schicken (etwas untypischen) Zombies und einigen anständigen Splatter-FX.

Sehenswert und sehr unterhaltsam.

PLANE DEAD aka OUTBREAK ON A PLANE aka
PLANE OF THE LIVING DEAD (USA 2006)

In Gepäckraum eines vollbesetzten Passgierflugzeugs wird eine, mit einem hoch ansteckenden Virus infizierte, Frau transportiert.

Durch Turbulenzen befreit, und vom schnell toten Bewacher erschossen, macht sich die Tote schnell auf die Suche nach menschlichen Fleisch.

Bald muss sich ein FBI-Agent und eine Air Marshal mit einer schnell steigenden Anzahl von Untoten herumschlagen.

„Plane dead" ist ein Hochglanztrash der B-Klasse, der den erfolgreichen Action-Horror-Mix „Snakes on a plane" zum Vorbild nimmt, und der wenig Wert auf Realismus und Logik setzt, sondern einfach nur unterhalten will.

Und dies schafft er, durch gute B-Schauspieler, anständige Splattereinlagen, ein flottes Tempo, und weil er sich selbst nicht ganz ernst nimmt, sehr gut.

Ein purer Unterhaltungsfilm, mit beißwütigen Zombies, viel Humor und reichlich blutiger Action.

Sehenswert.

Qualität: 9/10   Splatter: 8/10   Härte: 8/10

DEAD MEN WALKING (USA 2005)

In einem Gefängnis wird ein kranker Mann wegen mehrfachen Mordes eingeliefert.

Keiner ahnt, dass es sich bei seinen Opfern um Zombies handelte und er sich dabei mit einem hoch ansteckenden Virus infiziert hat.

„Dead men walking" ist ein knallharter, humorfreier und sehr selbst zweckhafter B-Zombiestreifen, der hauptsächlich auf blutige Metzelaction setzt, und dabei logische Handlung, Story und Charaktere weitgehend vernachlässigt.
Da er mit knapp 80 Minuten auch nicht besonders lang geraten ist, kommt kaum Langeweile auf.
Anspruchslos, aber wuchtig und sehr blutig.
Qualität: 8/10   Splatter: 9/10   Härte: 10/10

MASTERS OF HORROR: HAECKEL´S TALE
(USA 2005)

Der Medizinstudent Heckel ist besessen davon Tote wider zurück ins Leben zu bringen. Leider scheitern jedoch alle seine Experimente.
Als er den Nekromanten Montesquito trifft, und dabei zusieht wie der einen toten Hund wider belebt, tut er das Gesehen zunächst als Schwindel ab.
Doch als er im Verlauf einer Reise, zu seinem im Krankenbett liegenden Vater unterschlupft bei einem Ehepaar sucht, und kurz darauf Montesquito wider sieht, merkt er schnell, dass mehr hinter der Sache steckt.

„Haeckels Tale" gehört zur berüchtigten „Masters of Horror"-Serie des US-Pay-TV- Senders Showtime, welche sich besonders durch ihre prominenten Regisseure und die blutigen FX auszeichnet.
Ob man John McNaught („Henry-Portrait of a serial killer", „Wild things") zu den Meistern des Horrors zählen kann ist zwar etwas fraglich; doch gehört Clive Barker hundertprozentig zu den unbestrittenen Meistern des Genres.
Und genau von ihm stammt die Geschichte zu Haeckels Tale; welche solide inszeniert für Kurzweile und spannend, gruselige Unterhaltung sorgt.
Qualität: 10/10   Splatter: 7/10   Härte: 8/10

ZOMBIE NIGHT 2 – AWAKENING (KANADA 2006)

Ein Paar Überlebender der Zombiekatastrophe haben sich auf einer Anlegerstelle am Hafen verschanzt und wollen ein Boot flott machen, um auf eine abgelegene Insel flüchten. Doch die sich weiter entwickelnden Zombies, und eine äußerst unangenehme Plündererbande machen den Plan zu Nichte.

Die Fortsetzung von „Zombie Night" ist qualitativ in jeder Beziehung mit dem Erstling vergleichbar. Einzig die Optik wurde etwas aufpoliert und die Kulissen, schauen etwas anständiger aus.
Wer den ersten Teil gut fand, wird auch mit Teil 2 zufrieden sein. Alle anderen sollten einen weiten Bogen machen.
Qualität: 7/10   Splatter: 8/10   Härte: 8/10

DEAD MEAT (IRLAND 2003)

In einem kleinen Landstrich in der irischen Einöde, hat das BSE-Virus die Einwohner in fleischlüsterne Zombies verwandelt. Ein junges Paar, auf Durchreise, muss sich mit der tödlichen Plage herumschlagen.

Höherwertige Amateurproduktion, mit charmant trashigen Splattereinlagen und einem anständigen Unterhaltungswert. Guter sehenswerter Durchschnitt.
Qualität: 8/10   Splatter: 8/10   Härte: 8/10

EVIL: TO KAKO (GRIECHENLAND 2005)

Ein Paar Bauarbeiter werden in einem alten Schacht mit einem unbekannten Virus infiziert. In der folgenden Nacht verwandeln sie sich in Zombies und verbreiten diese Seuche in Lichtgeschwindigkeit. Denn die Zombies sind verdammt flott, und wer gebissen wird, verwandelt sich sofort in einen.
Die Tochter eines der Bauarbeiter, und einige weiter Überlebende versuchen aus dem Zombieverseuchten Athen zu fliehen.

Wäre mehr Budget und Talent da gewesen, wäre aus „Evil: to kako" ein wahres Meisterwerk geworden. So weis der Film besonders im ersten drittel, beim Ausbruch der Infektion, zu überzeugen.
Doch leider wars das dann auch mit den Glanzleistungen.
Denn stumpfsinniges, pseudokritisches Gelaber, peinlich alberne Kampfeinlagen, eine kränkelnde billige Inszenierung, eine unlogische Handlung und bescheidenes Schauspieltalent trüben den Filmspaß beachtlich.
So wird aus „Evil: to kako" schnell ein durchschnittlicher Fun-Splatter im Amateurbereich, der einzig mit eine furiosen Start und einigen reichhaltigen Goreeinlagen zu überzeugen weis.
Wenn man ohne große Erwartungen an den Film herangeht wird man aber seinen Spaß haben.
Qualität: 7/10   Splatter: 9/10   Härte: 8/10

ZOMBIE SELF-DEFENSE FORCE (JAPAN 2006)

Nahe einem Waldstück stürzt ein UFO ab und gibt eine unbekannte Strahlung ab, die alle Toten in der Gegend wider erweckt.
Ein Paar Soldaten, ein Gangster, ein Hotelbesitzer und eine fiese Sängerin bekommen es bald mit der Plage zu tun.

Hier ein japanischer Vertreter des Funsplatter der ganz besonderen Art. Der Humor ist sehr albern, die Optik erinnert stark an eine Seifenoper, die Schauspieler sind teils schlecht, und einige der Tricks sind so lächerlich (Gummizombiebaby) das man sich an den Kopf fassen muss. Und trotzdem ist „Zombie self-defense force" ein Film der einfach einen Heidenspaß macht. Dies liegt Einerseits daran, dass der Film sich selbst nicht Ernst nimmt, Andererseits hat er einen extrem hohen und recht derben Splattergehalt. Auf Anspielungen auf Romero („Vielleicht ist die Hölle voll, und deshalb wandeln die Toten auf Erden") wird natürlich auch nicht verzichtet.
Sehr sehenswert.
Qualität: 8/10   Splatter: 9/10   Härte: 7/10

UNDEAD (AUSTRALIEN 2002)

In dem beschaulichen Städtchen Berkeley stürzen Meteoriten ab und verbreiten ein hoch ansteckendes Virus.
Die Lokalschönheit Rene, welche die Stadt gerade verlassen wollte, muss nun feststellen, dass dies nicht mehr so einfach ist.
Zusammen mit dem einsiedlerischen und schwer bewaffneten Marion, der offenbar bestens auf diese Situation vorbereitet war, und noch ein paar anderen Überlebenden versuchen sie die Flucht.

„Die australische Antwort auf Braindead", hieß es in der Werbung. So weit kann man dann zwar doch nicht gehen; doch hat „Undead" eindeutig Kult-Qualitäten; angefangen mit der tollen Edeloptik, über allerlei cooler Actioneinlagen, bis hin zu den durchweg gelungenen Splatter-Effekten, welche für eine FSK:16-Freigabe beachtlich sind.
Einzig der hektische Humor, ist etwas gewöhnungsbedürftig – doch das kann man verzeihen.

NACHBEMERKUNG

Viele der hier besprochenen Filme hatten, sowohl in der Vergangenheit, als auch in der Gegenwart, mit der deutschen Zensur zu kämpfen (und nicht nur mit der Deutschen).
Daher rate ich jedem beim Kauf von DVD´s darauf zu achten, mit was für einer Version man es zutun hat, bevor man viel Geld für verstümmelten Schrott ausgibt. Geschnittene FSK:16 –Fassungen von harten Horrorfilmen bieten oft alles Andere, als gute Unterhaltung.
Im Übrigen ist es nur ein Gerüchte, dass das „Spio/JK"-Sigel dafür steht, dass ein Film ungeschnitten ist.
Bei einigen Labels garantiert nicht mal die Aufschrift „Uncut" wirklich eine unzensierte Version. Ein gutes Beispiel dafür sind die Filme „Full metal yakuza" oder „Flesh for the beast" die als SPEZIAL-UNCUT-VERSION vom Label MIB verkauft wurden.
Daher möchte ich euch, liebe Leser, auch die Seite „ofdb.de" nahe legen. Dort findet man in der Regel solides Feedback, und eine Aufzählung verfügbarer Versionen mit Schnittvermerk, inklusive, mehr oder weniger, ausführlicher Hintergrundinformationen.
Sollte es einen Film, wie „Zombie – Dawn of the Dead" z. Bsp., uncut offiziell nicht in Deutschland geben, so sei einem der Kauf über einen Importhändler oder ein Gang zur Börse anzuraten.
Und das wars dann auch fürs erste.
Ich hoffe wir sehen uns Bald wider.

Mit freundlichen Grüßen

Andreas Port

DEMNÄCHST:

SPLATTER – *Der blutige Film*

BAND 2: ROHES ASIEN

John Woo´s und Ringo Lam´s "Heroic Bloodshed"-Filme, "Story of Ricky", die blutigen Kung-Fu-Klassiker der Shaw Brothers, "Man behind the Sun", die "Guinea Pig"-Reihe, "Scared", „Battel Royale", die blutigen Folter- und Yakuzaschocker von Takashi Mike…
Ob nun Hongkong, Japan, oder jüngst Thailand.
Das asiatische Kino hat in der Geschichte schon so manchen blutigen Film hervorgebracht, und auch das westliche Kino damit beeinflusst.
Die wichtigsten, besten, und vor Allendingen, blutigsten Filme werden im zweiten Band näher beleuchtet.